业绩100%达成系统

决胜终端，业绩为王

吸客稳客留客＋促单开单追单

终端卖翻天

终端王

肖晓春　著

SPM
南方出版传媒
广东经济出版社
·广州·

图书在版编目（CIP）数据

终端卖翻天，终端王/肖晓春著.—广州：广东经济出版社，2017.6
ISBN 978-7-5454-5350-8

Ⅰ.①终… Ⅱ.①肖… Ⅲ.①销售—通俗读物Ⅳ.①F713.3—49

中国版本图书馆CIP数据核字（2017）第057031号

出 版 人：姚丹林
责任编辑：李惠玉
责任技编：谢　莹

出版发行	广东经济出版社（广州市环市东路水荫路11号11～12楼）
经销	全国新华书店
印刷	茂名广发印刷有限公司 （茂名市计星路60号大院）
开本	787毫米×1092毫米　1/16
印张	13　1插页
字数	235 000字
版次	2017年6月第1版
印次	2017年6月第1次
书号	ISBN 978-7-5454-5350-8
定价	28.00元

如发现印装质量问题，影响阅读，请与承印厂联系调换。
发行部地址：广州市环市东路水荫路11号11楼
电话：（020）38306055　37601950　邮政编码：510075
邮购地址：广州市环市东路水荫路11号11楼
电话：（020）37601980　营销网址：http://www.gebook.com
广东经济出版社新浪官方微博：http://e.weibo.com/gebook
广东经济出版社常年法律顾问：何剑桥律师

王牌培训书系

编　委　会

目录

王牌培训书系

1

门店顾客开发

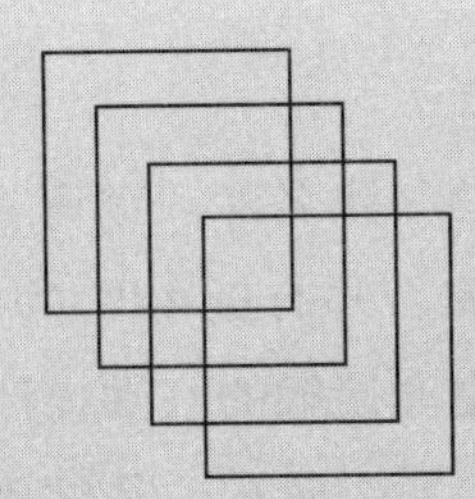

请迅速观察上图，然后说出图中有多少个正方形？四个简单的大正方形经过环环相扣，竟然裂变出16个大小不一的正方形。门店顾客开发维护也是同样道理，顾客与顾客之间存在着千丝万缕的关系，只要门店人员对此加以巧妙运用，就能开发出源源不断的新顾客。

顾客开发对于门店经营来说，就如引擎对于飞机的重要性一样，是基础也是核心环节，对门店的生存与持续发展至关重要。一家不重视顾客开发的门店，就如一架没有引擎的飞机，即使再豪华，充其量也只是模型而已。

门店顾客开发的策略与方法很多，本章重点介绍三种低成本、高效率又易于操作的方法，分别是派发宣传单、顾客连锁介绍及关联店缔结。

1.1 宣传单派发

宣传单是门店与消费者接触的一张名片。据调查显示，89%的消费者在零售终端有索取和阅读宣传单的习惯，并有近40%的消费者保留和收藏。可见，宣传单是消费者最直接、频繁和主动接触的终端媒体形式。

由于大部分门店的规模较小、实力较弱，往往无法在电视、报纸杂志等大众媒体上做宣传，而采用大量派发宣传单这种方式，既可以有效地提高门店的知名度、快速开发顾客资源，又能节约成本。

核心概要

宣传单也称为宣传单张、宣传单页、彩页、单张等，是各行各业应用最早和最广泛的宣传品，它的展示效果好，视觉冲击力强，最能突出企业的用意。对于门店来说，派发宣传单是最传统和最直接的有效拓展顾客的方式。

派发宣传单的关键

从本质上来讲，派发宣传单这种拓展方式对于门店来说是比较实用的，而且相对于电视、报纸、户外等大众媒体而言，宣传单的运作成本较低、见效快、易于操作且效果较明显。

宣传单要达到有效传达信息，并引发消费者购买行为的目的，其关键在于科学规划和合理、高效利用，简单来说，就是内容与版式的设计、印刷的质量，以及如何有效地派发给目标顾客。

派发宣传单的优点

序号	优点	说明
1	成本较低	一般情况下，一张彩色宣传单的成本可以控制在0.5～1元之间，而双色或黑白宣传单的成本则更低
2	内容丰富	自主印制，双面承载，信息容量更大，能够更完整地、深入地、全面地诠释传播的信息
3	时效性强	制作周期在一周以内，可紧密配合门店的产品宣传、节日促销、品牌推广等营销活动的需要
4	传播面广	大批量印制，可有计划覆盖门店所在区域的范围

派发宣传单的难点

序号	难点	说明
1	要脱颖而出存在一定难度	各行各业的企业都在前赴后继地设计、印制和派发宣传单，如何才能获得消费者的青睐需要门店相关人员费心考虑
2	反馈比例一般不高	一般派发宣传单的正常反馈率约2%，其反馈的比例与具体的内容有关，如与给顾客的优惠信息等有关

实操案例

王芳开的美容院最近新招聘了一名店长——陶静，为了给美容院招徕更多的顾客，陶静建议王芳采用派发宣传单的方式开发顾客。

“我们以前也尝试过派发宣传单，虽然比较节省成本，但宣传单派出去后，大部分都是无效的，只有个别有效。”王芳提出了异议。

“如果在没有明确宣传对象和地点的情况下派人满大街派发宣传单，那么宣传单只对两种人有效——闲人和同行。”见王芳疑惑不解，陶静接着解释：“因为我们美容院的客户不是流动人口，不会整天在大街上走动。派发宣传单的有效性不仅是由广告语的设计和印刷质量决定的，它的有效性最大限度取决于能否把宣传单直接派发到目标顾客手中。”

“就算派到了顾客的手上，也不见得有效啊，因为她们很可能会不看一眼就转身把单子扔掉，实际上还是毫无效果的。”王芳还是坚持己见。

陶静：“我们美容院的宣传单不能到大街上见人就派，要有效派单可以采用两种方式：一是派给在住宅小区内的住户，并且派单人员还得礼貌谦恭，如果能借用居民活动时搞美容咨询，这时派发宣传单张是最有效的；二是在美容院附近，彬彬有礼地邀请路过的顾客进店体验我们的美容技术，相信顾客会乐意进店接受一下专业服务的。”

“因此，重要的不是怀疑派发宣传单有没有效，而是在派发前应该先明确由什么人以何种方式在哪里派送，如果安排合适的人在适当地点派给适当的人，就一定有效。让别人接受我们的宣传单之前，必须要她先接受我们的人。一个优雅得体、热情亲切的美容顾问在派单时应该一边热情地介绍自己的美容院，一边用眼睛直接看着客人的双眼眉心处，然后才双手递上自己的宣传单，并说出欢迎进店体验的致辞。”

“看来你对派发宣传单很有经验哦！”王芳微笑着点头。

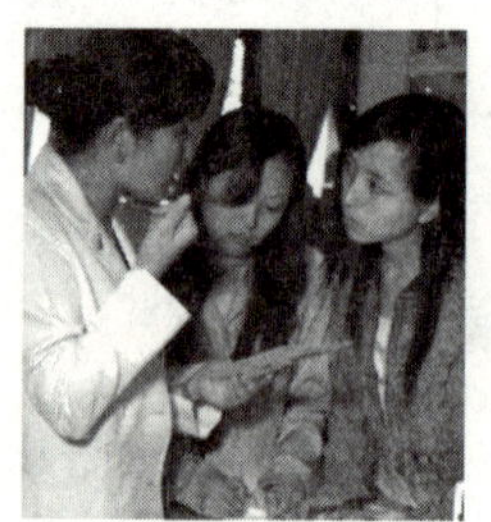

“其实送出多少宣传单并不重要，重要的是多少目标顾客能真正知道宣传单的意义并因此来到店里。没有高素质的美容顾问在送单时宣传自己的产品和服务品质，只靠客户用手接过那张纸是没有用的。”陶静总结道。

具体应用

宣传单是门店写给消费者的信，越简单明了越有效。宣传单还是移动的产品橱窗，为了使消费者的注意力集中，宣传单应尽可能使用照片，让产品一目了然。因此，宣传单的设计与制作一定要用心考究、独具匠心！

宣传单制作及派发流程

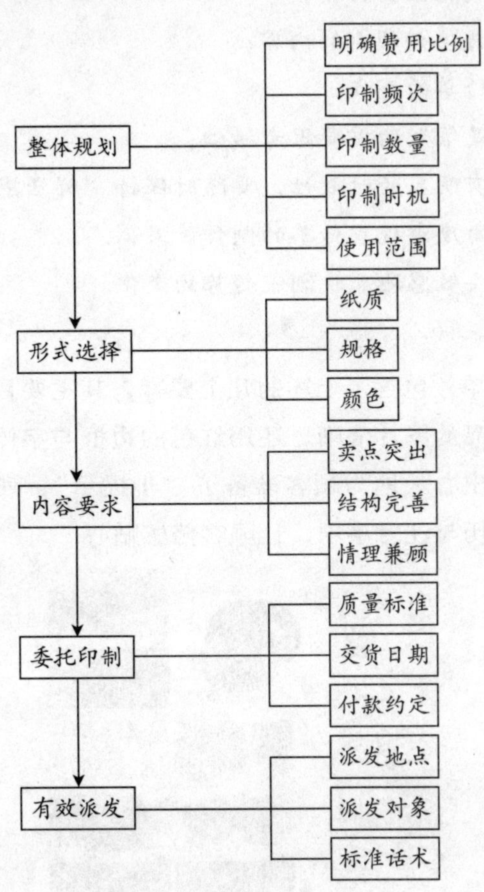

宣传单的规划

宣传单通常是配合门店的相关营销活动而设计制作的，例如，开店搞活动时做开业的宣传单、节假日促销的活动宣传单、打折优惠等类型的宣传单。如果想高效使用宣传单，就应该制订完整的年度计划，并设定符合季节的主题，以月为时段检视经营业绩，同时验证宣传单的效果。

宣传单的印发都应该纳入门店的年度广告支出计划，并明确费用比例（约占广告费的20%）、印制频次、数量、时机选择及使用范围等，保持灵活性和规划性的统一。

一张设计精美的宣传单很容易吸引消费者的眼球，让人在爱不释手的情况下仔细阅读。在设计宣传单时必须从消费者的立场出发，高明地将门店商品与消费者需求紧密结合起来。宣传单的规划要点如下：

> ➢ 确认宣传单印制的主要目的；
> ➢ 促销产品是宣传单必须有的内容；
> ➢ 产品卖点是宣传单的亮点；
> ➢ 诱导性宣传单是策划的首要思考核心；
> ➢ 任何宣传单都有明显的时效性，要随时保持“鲜活感”；
> ➢ 要站在顾客的角度审视宣传单的制作效果；
> ➢ 宣传单的内容要敏感地反映潮流趋势的变化。

下面的这张宣传单，包含了上述的几个要素，其主要目的是促销几种人们喜爱的夏季果蔬，商品的图片清晰，还用红色的边框与字体标示出原价与现价的对比。此外，还别出心裁地为顾客准备了“小提示”，列出即将到来的节日与节气，介绍了其来历与注意事项，让顾客倍感贴心。

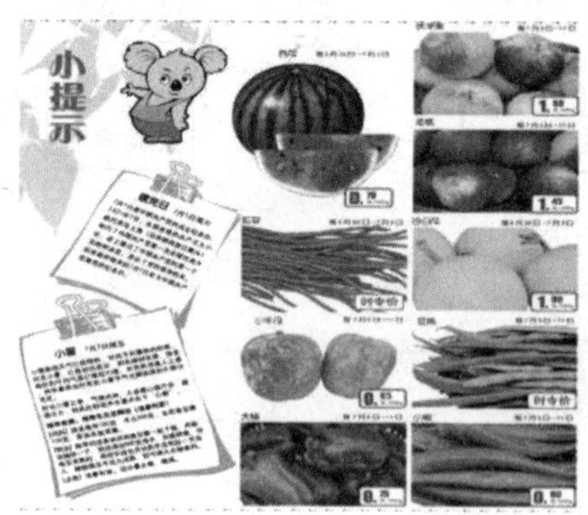

宣传单的内容设计

要设计一张有自己独特个性的“脸”的宣传单，必须让标题、色彩、照片、文字都保持一定的有机组合。

● 宣传单设计的五大铁规

一般情况下，宣传单的正面可以是那种为了吸引眼球而具有很强创意性的设计，而背面，就必须是该宣传单要传递的信息内容，不过在不扭曲信息基本意思的前提下，应该考虑如何吸引阅读者继续阅读下去这个问题。

序号	要素	说明
1	标题	标题内容一定要短小、凝练、新鲜、吸引人，能够在第一时间引起目标客户的注意
2	图片	尽可能使用商品图片，将商品清晰地刊登出来
3	颜色	尽量使用两种以上的颜色印刷，否则宣传单会显得单调
4	商品的选择	宣传单上刊载的商品一定要在质量上、数量上能够满足顾客的需求
5	内容真实	宣传单上的所有内容都是对消费者的承诺，必须真实、可以兑现

例如，以下这张宣传单的标题“75 年经典、75 元惊爆”，简单明了，通俗易懂；色彩以橘黄色为主调，和谐明快；产品照片与价格标示明显，容易引起消费者的购买冲动。

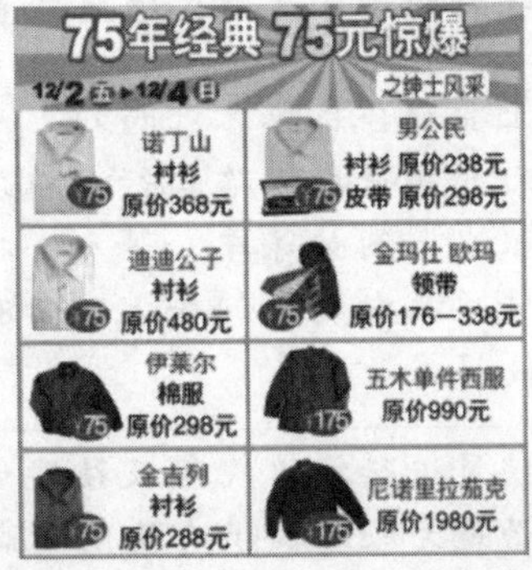

● 宣传单设计的内容要求

宣传单在内容上必须具有新颖性、知识性；在设计上必须具有吸引力，才能在第一时间让阅读者有继续读下去的欲望。

序号	要求	说明
1	卖点突出	根据每一次印制的目的和宗旨，提炼卖点，单一诉求，突出重点
2	结构完善	应涵盖产品功能介绍、产品展示、品牌形象、促销内容、附加信息（门店的地址、联系方式、活动时间）等
3	情理兼顾	消费者理性消费意识增强，必须加强科学的理性请求

宣传单的派发

印刷精美的宣传单应如何进行派发？派发给什么人，以及在什么地方派发和派发多长时间最合理？门店可以组织专人，统一身穿印有门店品牌名称的服装，到指定的区域派发给目标客户。

序号	重点事项	说明
1	派发地点的选择	根据不同产品的特性，选择在潜在客户比较集中的区域进行派发。例如，设在商场里的专卖店，派发宣传单时最好选择在商场入口、手扶电梯口等
2	确定派发的目标客户	派发宣传单的人员要有意识地将宣传单派给潜在的客户。例如，针对小学生的暑期英语培训班的宣传单，应该到小学校门口，直接派发到接送孩子的家长手里，如果单独发给小学生他们很可能直接丢掉而造成浪费
3	派发时间的选择	时间上要符合目标客源特征。一般情况下，应避开人们上下班的高峰期拦路向行人派发，而是选择人们无聊的时候派发，例如等车、等人、排队等时间，在这些时间把宣传单派发到他们手上，其有效到达率和被阅读率自然要高很多
4	派送员派送技巧培训	对促销员进行礼仪规范及技能培训，避免对顾客强拉硬塞，而是为顾客提供有价值的商品资讯和导购服务
5	派发宣传单的话术	先生/小姐，您好！我是××专卖店的员工，我们主要经营××，这是我们的介绍，我们将于×月×日举办××，店址在×路×号，欢迎您的光临，谢谢
6	其他细节	例如，安排一张桌子负责接待，让有兴趣的目标客户进行详细咨询，做好客户信息登记

注意事项

宣传单派发能否取得预期的效果，与宣传单的设计、制作、派发及管理都有密切的关系，门店在具体操作时应关注以下两大方面的注意事项：

宣传单印制与管理注意事项

- 保证质量。纸张质地、色彩对比度、墨料选择、校对、裁切、包装、运输诸环节都要把关，谨防失误。
- 符合 CI 标准。严格执行企业 CI 规范，保持品牌形象的统一。
- 确保真实。所有内容务必遵守广告法有关规定，不夸大、不虚假、不隐瞒、不攻击竞争对手，从实际出发，真实可靠，说到做到。
- 注意时效性。宣传单的时间性和阶段性较强，必须及时收回和更新。
- 注明解释权。增强自我保护意识，用小字在宣传单边角位置注明解释权的归属主体、避免不必要的纠纷，尤其是促销活动，更应该明确、严谨。
- 注意信息的完整性。明确标示活动的期限、范围（地区、商品等）、奖项设置、咨询电话、服务热线等等。
- 严格监控。通过严格的监控，确保宣传单有效到达目标受众手中，减少和避免浪费现象的发生。

员工派发宣传单的注意事项

对于宣传单的派发，不要以为这是一件人人能做不需要技巧的工作，随便在大马路上把手上的宣传单在说一声“您好”的时候递给陌生人，然后再说声“谢谢”的做法已经落后。

要想有效派发宣传单，员工应注意以下事项：

- 分组实施，一般三人一组，二人负责派发，一人负责收集散落的宣传单。
- 组长在出发前应明确宣传单派发的路线、方向和地址。
- 清楚宣传单派发的对象、数量，并熟记宣传用语及派发的话术。
- 派发人员在出发前应整理仪容仪表，并带少部分零钱等必备的物品。
- 派发人员在派发宣传单的过程中应相互协调、不可乱丢弃，如发现地上有本企业的宣传单应捡起或丢到垃圾桶。

- 派发宣传单时要面带笑容、热情大方，千万不要迟疑和犹豫。因为顾客看见你稍微迟疑犹豫，马上就会选择拒绝。
- 派发宣传单时要吐字清晰，让顾客听清楚、明白，耐心向顾客讲解。
- 复杂地带不用派发，如打架、交通事故、赌博现场等。
- 遇到同行竞争对手不用派发。
- 在派发宣传单的过程中不能有抽烟、打私人电话、看热闹等任何形式的偷懒行为。
- 不可围观任何类型的汇演或其他活动。
- 派发住宅区时需穿便装，并注意随机应变（防止小区保安阻拦）。
- 遇到城管时立即停止派发，并把宣传单放进行李袋，保持冷静，并快步走开。
- 如果宣传单在目的地没有派完，则需拿回交给门店相关负责人存放。
- 在派发宣传单的时候，切勿与任何人发生矛盾或冲突。
- 派发宣传单要走人行道，过马路不可闯红灯。
- 如天气气温较高，需带上清凉油或其他的解暑药物。
- 如碰到城管不能及时躲开要被没收传单时，应让其拿走，并尽快打电话回门店，请经理处理。

1.2 顾客连锁介绍

每个人都有一张关系网，其身边的亲戚、朋友、同学等大概有 250 人，如果门店人员能够把商品卖给一位顾客，而这位顾客再介绍给身边的亲朋好友，那么就意味着门店有可能把商品卖给更多的顾客。

核心概要

门店人员顾客开发的能力再强，也难以在短时间内开发出足够的顾客资源。如果利用顾客连锁介绍法，让每个顾客转介绍两个准顾客，两个变四个，四个变八个……当重复 12 次后，门店将拥有 8400 个顾客。这种能够产生几何倍增效应的顾客连锁介绍方法，能够帮助门店低成本、快速度、有效地开发新顾客。

何谓顾客连锁介绍

顾客连锁介绍，又称为客户引荐法或无限连锁法，是指顾客购买了门店出售的商品或享受了门店提供的服务之后，对商品或服务产生了满意感，从而对门店产生了信任感和情感，不仅自己会成为门店的“回头客”，而且还会为门店介绍许多新顾客。

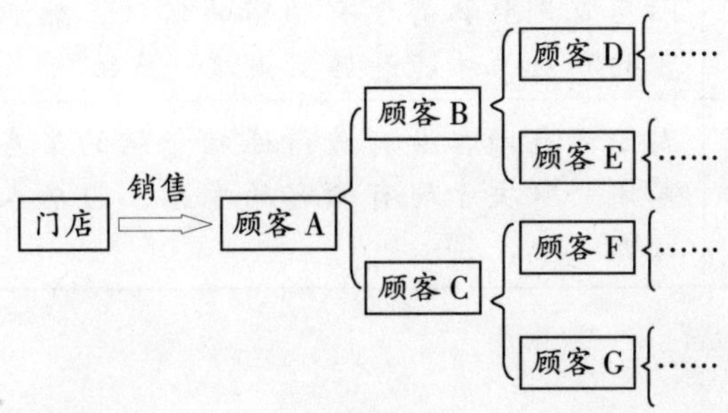

实践证明，顾客连锁介绍是一种寻找准顾客的好方法，被称为黄金客户开发法。它不仅可以有效避免寻找顾客的盲目性，而且有助于门店人员赢得新顾客的信任。

顾客连锁介绍法的精髓

“留住老顾客，并使其成为门店的义务推销员，不断介绍新顾客”是顾客连锁介绍法的精髓。门店通过顾客连锁介绍法，不但可以成功留住老顾客，还可以开发更多的准顾客。只要留住老顾客，他们就会成为门店最忠实的介绍人和最有效的推销员。

顾客连锁介绍法是获得高质量准客户的最佳途径之一，获得顾客连锁介绍的关键就是“主动提出请求”。如果门店人员不敢对现有顾客提出请求，他人是不可能知道你是需要帮助的。

顾客连锁介绍的优点

序号	优点	说明
1	获得的信息准确有效	现有顾客推荐的新顾客大多是他们较为熟悉的亲友或同事，甚至有着共同的利益，所以提供的信息准确有效、内容详细
2	容易取得新顾客的信任	由于是经过现有顾客的介绍，准顾客会因相信熟人，从而相信熟人的推荐，容易对门店产生信任
3	成本较低、成功率较高	现有顾客所推荐的新顾客与现有顾客之间存在着某种联系，根据这种内在的联系来寻找顾客，门店的成本较低、效率较高，而成功率也明显提高

连锁介绍的缺点

序号	缺点	说明
1	实施有一定的难度	门店首先要取得现有顾客的信任，然后设置好给现有顾客的利益，才能开始实施这一方法
2	容易处于被动地位	因为现有顾客没有进行连锁介绍的义务，是否介绍新顾客完全取决于现有顾客的意愿，门店人员无法勉强现有顾客

实操案例

刘威在城南开了一家童装店，他的表哥陈雨在城北也开了一家童装店。城北是商业中心区，城南是居民老区，照理说，城北的童装店应该比城南的生意要好，但事实上并非如此。

“我们的童装店同时开业，而我的店位置比你的好，投入也比你的大，为什么你的店比我的店生意好那么多呢？”陈雨在了解到刘威的营业额后觉得很纳闷。

刘威：“我从开业起就采用‘顾客连锁介绍法’来开发新顾客，所以客源越来越多，成交率也很高。”

“你是怎样操作的？”

“首先，要把好产品和服务质量关，因为这是取信于现有顾客的前提条件，顾客只有对你的产品和服务满意了，才会介绍熟人来惠顾。因此，每次帮顾客挑选好童装，在她们结账时我都会询问她们对我们的产品和服务是否满意，是否有改进的建议。

在得到肯定的答复后，我会在顾客结账后请求她们帮我介绍新顾客，并在她们填妥顾客介绍卡后主动赠送一张价值20元的现金券，她可以自用或转送给别人，凭这张现金券在我店里购物就等同于现金使用。一般情况下，这张现金券都会为我带来下一笔生意。”

“那怎样选择介绍人呢？”

“所有购物后的顾客都可以请求他们做介绍人，因为每个人身边都有数以百计的亲朋好友，这些人都是家庭中的一员，而几乎每个家庭都有小孩，这些小孩都是我们的目标顾客。当然，有些有一定职位的人可能会更容易介绍大量的顾客，例如居委会的老大妈、幼儿园园长等。”

“操作时还需要注意什么？”

“一定要守信，并及时赠送现金券，如果有些顾客不接受现金券，那么你可以送他们一份价值相当的礼物。”

具体应用

在使用顾客连锁介绍法时，应该请求现有顾客介绍什么呢？一般情况下，介绍的内容是提供准顾客的姓名及简单情况。介绍的方法可以是口头介绍、写信介绍、电话介绍、名片介绍等。

顾客连锁介绍法的流程

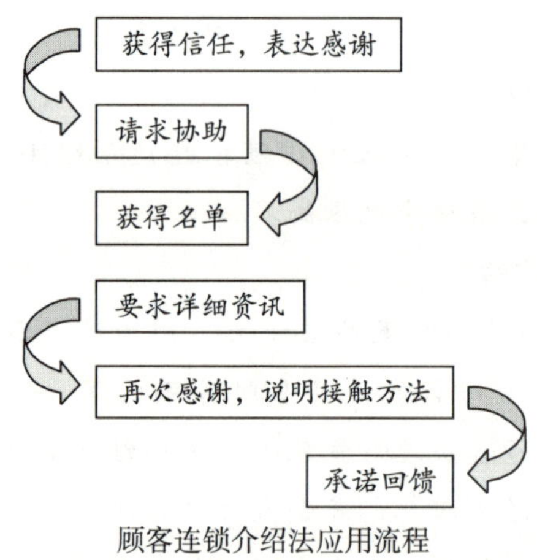

顾客连锁介绍法应用流程

获得顾客连锁介绍的话术

门店人员运用顾客连锁介绍法时，在请求现有顾客为你介绍新顾客之前，首先应真诚询问他们对门店提供的产品与服务的印象如何，了解其真实评价。对于满意的顾客，可以请他们为你提供推荐的准顾客名单及其较详细的基本情况。

简单可行的做法是：

- 获得顾客对你的认同与肯定，并表达感谢

“××先生/女士，恭喜您拥有了这款与众不同的××，同时谢谢您对我们的信任，不知道您对我们的服务是否满意呢？”（这时顾客的回答一般是肯定的。）

“谢谢您的支持与鼓励……”

● 请求协助

“在和您接触的这段时间里，我知道您是一位讲究生活品质又懂得享受人生的成功人士，我想您一定有一些同样想法的朋友，您能不能将他们介绍给我，让我有机会与他们认识，为他们提供同样的服务？”

● 要求名单——利用“最近法则”

“在您认识的朋友中，谁会跟您一样有××需求？”（如果客户想不出来，可以提醒他。）

“您最好的朋友是哪一位呢？”

“在您的朋友中，谁在事业方面像您一样成功？”

“在您的朋友当中，有谁比较注意××？”

注意：在每个问题问完后停顿，先收集“姓名”，再继续问。

● 要求详细的信息

在获得了至少3个名字后，应该寻求更多有关的信息，如：年龄、职业、家庭状况、最佳接触时间、电话号码及爱好等。（具体请见下表）

“是不是能告诉我一些关于××先生/女士的一些基本信息，让我能提供更有效的服务，不知道××先生/女士在哪里工作？……”

介绍人姓名	准客户情况								
	姓名	性别	年龄	职业	婚姻状况	家庭人数	年收入	地址/电话	备注

● 再次感谢，说明接触方法

“非常感谢您提供这些信息，我和××先生/女士打电话时，会提到您对他们的关心以及我为您所提供的服务。”

● 承诺回馈

“当我与您介绍的朋友接触时，我一定以为您服务的热忱来为他们服务，我也会将我们面谈的状况与进度告知您，如果能够顺利成交，我们将赠送××给您作为酬谢，您认为如何？”

消除顾客的顾虑，提供介绍名单

有些顾客不愿意或犹豫不决是否向你提供名单及相关信息，你需要想办法消除他们的疑虑，促使他们配合你的请求。在谈话时要注意保持轻松愉悦，切勿与客户争辩，令他们感到不适，还可以通过提出一至两个问题引发客户思考以获得名单。

对方可能出现的情况	参考步骤	参考话术
情况一：不要……不好吧	1. 请问原因	是否能让我了解您的想法 ××先生/女士，您对我们的服务还满意吗
	2. 强调不会造成困扰	您可以放心，我对您的朋友也会保持这种服务素质的。我只是想向他们介绍××，除非他们主动希望我做进一步服务，否则我不会向他们推销任何商品
	3. 请求顾客给你一次机会	因此，您能否可以给我一个机会，就像很多顾客乐意帮助我一样呢
情况二：这是我个人的事，这不需要我的朋友知道	1. 请问真正原因	是的，我绝对尊重您的想法 我想，您正在犹豫是否提供这项信息给我，可否跟我谈谈您的想法
	2. 强调保密	××先生/女士，我可以向您保证，我所想要的，只是一个能提供给您的朋友了解××的机会。至于您个人的资料除非是经过您的同意，我会绝对保密
	3. 强调对他的朋友而言，这是一个不可多得的机会	对于您的朋友而言，了解××方面的资讯，可以帮助他××。所以，请您帮我这个忙，让他也有机会接触和了解××

（续表）

对方可能出现的情况	参考步骤	参考话术
情况三：我的朋友可能忌讳××	1. 请问原因	真是可惜，他为什么会有这种想法？是否能介绍我们认识，让我有机会与他谈谈
	2. 强调我们提供的××服务	➢ 您放心，在他还没有像您这么信任我以前，我绝对不会和他提到×× ➢ 我可以向您保证，我想要的只是一个为您的朋友提供××的服务
	3. 请求他给你一次机会	是不是可以给我一个机会，就像很多客户乐意帮助我一样
情况四：我想先问朋友一下，下次再给你名单	1. 说明可能的结果	谢谢您的好意，一般人在未能真正了解××之前，通常会有不同的看法，您是不是可以给我一个机会，让我跟他分享这方面的专业知识
	2. 强调你的服务及责任	借由您的推荐，您的朋友将能及时获得我的服务，进而了解××的重要性
	3. 保证你只是提供××服务，不会强迫对方购买	我向您保证，基于爱好与关怀，我想要的只是一个能提供给您的朋友了解××重要性的机会。我绝不会向他们作强迫推销，除非他们主动希望我作进一步的服务，否则不会向他们推销任何东西。因此，请您给我一个机会就像很多客户乐意帮助我一样

请你的顾客介绍准顾客，最糟糕的情况也不过是别人对你说“不”，或告诉你此刻想不起任何人。但一旦他们能介绍几个人，门店的生意就有可能翻倍。

与被介绍的准顾客接触

被介绍的准顾客因为介绍人的关系，接触起来比较容易；但也正是因为有被介绍的关系，所以接触时要注意方式。

● 首次接触被介绍的准顾客

在与被介绍的准顾客初次接触之前，首先要做好电话预约，其关键是恰当地提及介绍人的名字，进而提出见面的要求。

例如："喂，请问是曾华女士吗？我是××品牌店的李浩。您的朋友曹琳是我们的VIP客户，她对我们的服务感到很满意，说您也可能对××感兴趣，建议我给您打个电话，不知您明天下午3时有没有时间，请你到我们店里来交流一下好吗？"

● 见面时要注意营造良好的谈话氛围

在初次接触的前5分钟，先不要提及有关销售或服务的信息，而是以合适的方式提起介绍人或彼此都认识的人，消除彼此陌生的心理。

例如："曹琳向我提到，说您非常喜欢画漫画，最近有没有创作新作品？"接下来，就可以围绕这些准顾客感兴趣的话题进一步沟通，适当的时机介绍自己和公司，争取在短时间内与准顾客建立一种亲切的关系。

● 进行销售

在和准顾客建立了融洽关系后，就要快速过渡到销售上来。但不是马上销售产品，而是先要了解客户的需求、搜集客户资料等，然后提出建议——帮助准顾客达成愿望。

例如："今天能有机会与您见面，我希望不仅能给您提供××方面的服务，而且更希望与您建立一种长期信赖的关系。曹琳说您想了解一些××方面的资讯，能说说您的一些想法吗？这样我会运用我的专业为您提供建议，您看可以吗？"

● 索取转介绍

如果第一次见面能够签约，那就最好不过了。但不论成交与否，索取转介绍都是必做的功课。在这个环节上，不必有畏惧心理，只需大胆地告诉（准）顾客：

"我今天取得的成绩，完全得益于我的顾客不断向我介绍高品质的人认识。我也相信唯有我提供的服务品质和诚信得到顾客的充分认可，才可以获得更多的转介绍。所以我会努力为你和你身边的人做好服务，这也是我对你的承诺。可不可以麻烦你也给我写出几个名字，让我也有机会为他们提供服务呢？"

注意事项

顾客连锁介绍法一般适用于寻找有相同消费特点的顾客，或在销售群体性较强的商品时使用。在使用连锁介绍法时，应注意以下事项：

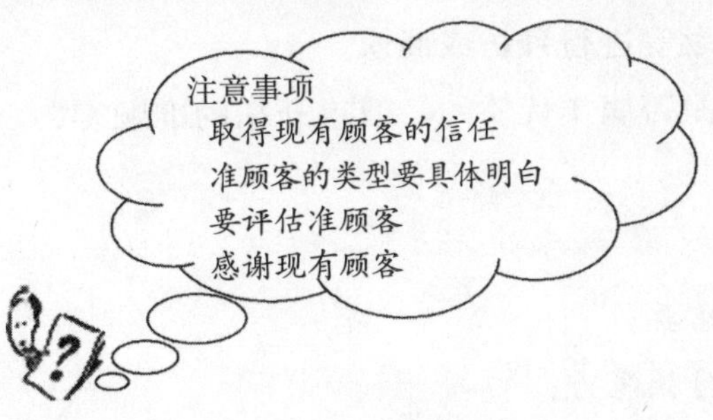

取得现有顾客的信任

只有通过诚恳的销售态度与诚挚的服务精神，才能赢得现有顾客的信服、敬重与工作上的配合，获得现有顾客的帮助。获得现有顾客的信任与认同必须要做到两点：

1. 有责任感，讲信用。只有笃守信誉、有责任心，以实际行动赢得顾客的信任，顾客才乐意介绍新顾客。

2. 为顾客提供优质满意的服务。只有以真诚的服务打动顾客的心，才会获得顾客的认可，顾客才会放心做介绍，并自愿反馈被介绍人的信息。

准顾客的类型要具体明白

在请他人介绍准顾客时，要明确自己想要获得什么资料。为了避免听到“我此时想不起任何人”之类的回答，必须将门店寻找的顾客的类型尽可能准确而具体地告诉对方。这将有助于对方从其潜意识里找到符合要求的个人、企业或一些相关的情况。

例如“××先生/女士，您一定还有一些像您一样需要××的朋友，可以介绍几个给我认识，让我也有机会为他们提供服务呢？”等你获得名字后，尽量从他口中获取更详细的资料，包括年龄、职业、婚姻状况、家庭成员、收入、嗜好、最佳接触时间等等。

要评估准顾客

根据现有顾客提供的准客户的资料，门店人员应该认真对准客户进行评估筛选，锁定最具有可能性和最具有购买实力的准客户为主攻对象，并选择恰当的时间、方式、话题等进行拜访或面谈。

评估推荐名单是否属于优质的、值得开拓的准顾客，一般可以从以下几方面着手：

- 准客户有无需要；
- 准客户有无付款能力；
- 准客户有无决定权；
- 接近准客户的可能性。

及时向介绍人致谢

在获得介绍准顾客的名单后，应及时向介绍人致以诚恳的谢意，并表明会将与被介绍者的接触活动及时反馈给他。这一方面是对准顾客的介绍表示感谢，另一方面也可以继续争取介绍人的合作与支持。

例如“王总，非常感谢您的信任与推荐，你真是一位富有爱心和乐于助人的人，我会将和您的朋友接触的情况及时报告给您，祝您生活愉快！”

感谢现有顾客

● 写感谢信或便条

无论被介绍的潜在顾客是否真正能转化为新顾客。对那些持续提供新顾客的介绍人，应赠送一些表达感谢的小卡片、小礼品，以有利于与介绍人建立良好的关系。

例如“王总：非常感谢您的信任与推荐，您的朋友成伟昨天也跟您一样成为了我店的VIP顾客，享受我们的尊贵服务！为答谢您对我们的支持、信任和帮助，特附上这份小礼品聊表心意。再一次感谢您的帮助和支持，恭祝您身体健康！阖家幸福！事业兴旺！万事如意！”

● 支付佣金

虽然不是所有行业或产品都有对介绍人付费或给予佣金的惯例，但在某些行业里，这一做法确实能大大增加从引荐者处获得新准顾客的数量。佣金的额度不必很大，但对成功介绍准顾客的介绍人，门店人员必须及时向介绍人支付应付的费用。

除了请求现有顾客介绍之外，还可以请你的亲戚、朋友、邻居、同事、供应商、专业人士、中介公司、代理人等介绍准顾客，从而获得更多的顾客资源。另外，在成交之后要继续关心顾客，并以恰当的方式表示出来，例如，每月给顾客寄去一张贺卡、一份企业内刊等。

1.3 关联店缔结

大雁在飞行时呈V形，它们飞行时定期变换领导者，因为为首的雁在前面开路，能帮助两边的雁形成局部的真空。科学家经研究发现，雁群以这种形式飞行，要比单独飞行多出12%的距离。因此，合作可以产生1+1>2的倍增效果。

门店经营也应该借鉴大雁的合作精神，选择合适的关联店铺进行紧密合作，通过关联店缔结，为顾客提供更多元化的商品和更便捷的服务，实现优势互补、互利双赢，不仅有助于门店提高核心竞争力，更有利于合作各方的永续发展、做大做强，这是门店进行顾客开发的另一有效方法。

核心概要

就像果农和养蜂人之间的联盟合作，能同时增加水果和蜂蜜的产量一样，关联店缔结让参与合作的门店实现优势互补，有效进行资源整合和战略联盟，从而创造出意想不到的多赢局面。

何谓关联店缔结

“关联店缔结”是指将两个以上的经营不同商品、提供不同服务的门店联合起来，形成客户资源共享的联盟体，共同为顾客提供更优惠的价格和更周到的服务，普通顾客在联盟内的任意一家门店消费，都可以享受到相关的优惠待遇。例如，顾客在A商场购物满300元可获赠B酒店的餐饮或娱乐项目的赠票或折扣券。

从本质上讲，这种商业运作模式就是一种利用虚拟平台进行的资源运作，主要是让各结盟门店之间实现资源共享、信息共享；各联盟企业之间的业务应紧密相关，相互支援，创建一个支持共赢的系统。

关联店缔结的精髓

关联店缔结的精髓是实现门店之间的资源嫁接与共享，其实质是基于为消费者的需求提供全方位服务的平台，利用企业或门店已形成的品牌和资源，使营销活动因强强联合而变得声势浩大、效果显著，同时使资源更加合理配置，起到1+1>2的效果。

“参与就是赢家”，关联店缔结的成功关键，是参与的门店必须洽谈好合作的详细条款，分清各自的获得利益和所负责任，并在操作上能很好地协调，从而实现“多赢”局面。

关联店缔结的好处

序号	好处	说明
1	提高门店的知名度	关联店之间实现品牌互动，使得各门店的知名度和品牌得以相互反复传播，能有效提高门店的知名度
2	增加门店的营业额	关联店缔结使消费者的利益得到最大化，而且因为目标人群互补和提升了广告效应，能大幅增加门店的营业额
3	降低门店的营销成本	关联店之间的营销费用由于得到各方分摊，从而使营销成本有所降低
4	扩大消费群体	通过关联店缔结，门店可将仅属于一方的消费者在一定程度上成为自己的消费者，同时在关联店联盟的强大攻势下增加潜在消费者数量，从而扩大消费群体
5	实现资源共享，提高规模效应	关联店缔结让关联店之间实现资源共享，获得传播影响、优质客户开发、业务延伸等竞争优势

关联店缔结的难点

序号	难点	说明
1	费用分摊的协商	无论是按产品项目、成交数额，还是按企业规模、企业利益分配，各门店成员分摊的费用份额难以体现绝对的公平与合理

（续表）

序号	难点	说明
2	时间、地点、内容的统一也有困难	各门店成员都希望选取对自己有利的时间、地点和内容，而成员之间的差异性不可能使联合活动方案对所有成员企业利益均等
3	可能会因竞争产生摩擦	由于竞争规律的客观存在，门店成员为了把目标顾客吸引到自己周围或扩大自己的销售额，可能会利用对策技术互相拆台

实操案例

在一次“如何提升门店销售业绩”的培训班上，参训的学员与主讲的肖老师展开了热烈的讨论。

学员A：“我们商场定期付出高额的广告宣传费，却得不到同等比例的回报，广告费有一半都打了水漂，但可悲的是我们还不知道浪费的具体是哪一半！”

学员B：“我们的计算机专卖店在促销时经常以高额的现金或实物大奖来刺激消费者，但这类活动看似热闹，却收效甚微，搞得好了效果平平；运作不好的话还将弄巧成拙，血本无归！”

……

“单个门店的资源有限，为什么大家没想到关联店联合的力量呢？众商家携手形成合作大军团作战，共同造势，1+1>2，利处显而易见；费用得以分摊，又节省开支；构建诚信商家大联盟，增强参与商家或品牌在公众心目中的知名度和美誉度。”肖老师启发道。

“我的朋友陈玉加盟了著名品牌YY便利店，他的店位于S市Z区某大型小区的入口处。上个月我和他本着诚信经营、薄利多销、让利于消费者的原则，筹划了一次‘十大品牌名店联合促销活动。’”

“老师，具体如何操作啊？”学员们争先恐后地问。

“首先，我们设定了参与商家的资格：一是经营地点在S市范围内；二是能够恪守诚信经营原则；三是在消费者心目中有一定认知度；四是每月广告宣传费用在4000元以上；五是认同本活动模式。”

"接下来，便开始运作。由陈玉以YY便利店的名义出面联系10家自愿参与的门店，每家每周认购1000张联合促销代金券（价值10元/张）共10000元，由门店自行决定赠予本店顾客（各商家根据自己具体情况而定）。每周将赠予的情况汇总到陈玉处，在公证处和商家代表的监督下，抽取幸运奖10名，奖励价值100元的奖品（或商家的消费券）。在幸运奖的基础上再设立大奖一名，奖励价值1000元奖品（奖品由商家自定）。"

"制作100000份彩印传单详细刊登联合促销信息，除由参与门店向顾客派发外，还请专人沿街派送。另在S市两家主要网站发布联合促销信息。"

"这是S市首次举办'十大名店联合促销活动'，充分激发了广大受众的兴奋点，调动消费者参与的兴趣，继而增加有效的人际间传播。结果参与的门店都人气鼎盛，生意非常火暴，收到了门店单独促销无法达到的效果。"

具体应用

关联店缔结可以加强优势、弥补劣势，发挥更多的创造性，只要使用得法，就能使门店在降低成本的基础上，提升品牌的影响，获得更大的销售额。因此，关联店缔结已经成为门店维系自身生存、拓展更大市场空间、获取最大经营利润的一种重要谋略。

关联店缔结的流程如下：

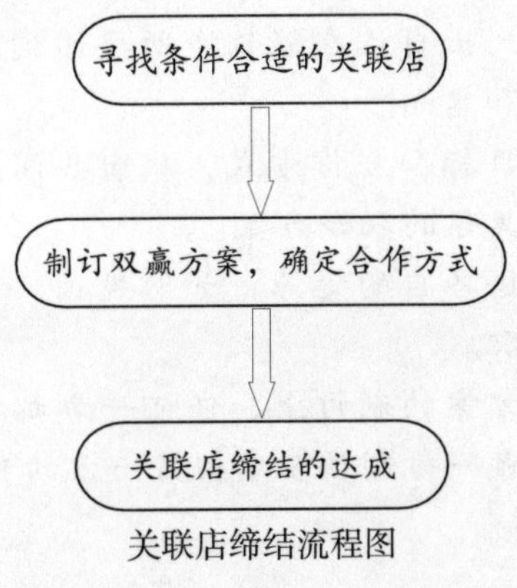

关联店缔结流程图

寻找条件合适的关联店

关联店缔结的第一步，就是必须找到合适的、能实现双赢的关联店。一般情况下，关联店缔结需要符合以下条件：

序号	条件	说明
1	所属业种	➢ 顾客层与本店存在互补作用 ➢ 合作成员的主力顾客是本店的目标客层 ➢ 消费频率较高的业态 ➢ 合作成员之间要有行业差异
2	商圈范围	➢ 商圈范围在一公里以内 ➢ 合作成员的业绩在商圈内为同业态中排名前三位 ➢ 优先考虑连锁经营企业 ➢ 合作成员的经营财务状况良好
3	品牌及合作意愿	➢ 拥有相同或相近的目标市场 ➢ 成员之间的品牌形象相当 ➢ 有关成员拥有良好合作意愿 ➢ 成员在合作方式、手段、策略选择上能相互包容

制订双赢方案，确定合作方式

任何联合活动的成功实施，都离不开有一套有效、可行的方案的指导。关联店缔结最大的目的是要实现合作品牌双方的共赢，因此要达到这一目的，就必须制订一套高效、务实的双赢方案。

● 如何制定双赢方案

➢ 由联合的各方各自列出自己在促销中所要达到的目标，并提出各自与对方合作的方式和意向。

➢ 根据各方所列出的目标和合作方式，找出共同点和可结合点，再根据这些要素来策划具体的联合方案。

➢ 联合的各方如何提供各自的资源，如何投入，可以根据各方所要达到的目标来衡量分配。

➢ 值得注意的是，在方案的制订上，任何一方都必须以大局为重，均衡利益，绝不能只顾一方利益而忽视另一方的利益。

通过以上要点制订出来的联合方案较容易获得合作各方的认可，并很快可以得到执行。

● 确定合作方式

关联店缔结在选择合作方式时，可以考虑以下方式：

- 互相交换同等数量的基本顾客资料。
- 相互寄放或联合寄发DM。
- 相互张贴海报。
- 共同举办区域性联合促销活动。
- 共同举办社区休闲、公益活动，提高店铺形象。

关联店缔结的达成

关联店缔结的达成需要门店相关人员主动联系，并与合作方反复沟通与洽谈，具体的操作要领如下：

- 由相关专人搜集门店所在商圈适合做关联店的候补名单。
- 根据行业互补的程度及该店来客数量的多少排定优先顺序。
- 依照优先顺序，拟订拜访日程表，并事先打电话给对方相关负责人，约定前往拜访的具体时间。
- 由店长携带DM、名片等，依约前往拜访。
- 说明成立关联店的原因、合作方式，并征求对方的意见。
- 整理好有合作意愿的候补关联店资料，并填写“关联店推荐表”（见下页表），上报公司相关部门。
- 公司相关部门核准后通知店长，由店长通知关联店准备签合同，并送达空白的合作协议书。
- 根据约定的日期签订合同，由店长及业务部主管代表店铺参加。
- 业务部主管在签订合同后须主动拜访关联店，以建立彼此双方合作的友谊，并给予对方受重视的感觉。
- 店长须每月主动上门拜访一次。
- 本店可以采取主动，根据确定的条件开展合作，请关联店配合支援。
- 关联店若有活动，也可请求本店支援。

No.	店名	电话	负责人	协议配合事项

注意事项

与已经成功的关联门店缔结，可以大大提高门店的档次及可信程度，是门店开发顾客的行之有效的方法之一。关联店联盟要稳定健康地发展，必须注意以下事项：

1. 合作成员之间要本着“扬长避短，形式多样，互惠互利”的原则行事。否则，难以建立联盟或导致联盟解体。

2. 互惠互利，诚实守信。完善的合作协议和成员严格履行协议，是关联店缔结有效运行的最基本前提。为了避免不愉快的事发生，应建立一种友好磋商、诚恳相待的谈判机制，最好将各种事宜以合同的形式订立下来。

3. 关联店必须有统一的战略目标和协调的计划、策略、战术，应随着市场环境的变化作适时调整。

4. 合作成员之间要广泛地开展信息交流。建立健全的信息系统，使信息的收集、检索、传递、存储、应用达到广泛、准确、及时、科学。

总之关联店缔结作为一种商战中的双赢行为，它的显著特点是借助外力资源，达到自身销售效益的最大化，在商品竞争日趋激烈的今天，必将有着更为广泛的运用。

2

店面广告推广

一家装修华丽、货品丰盈的门店，如果缺乏店面广告的装饰与衬托，充其量只能算是一位冷美人，难以引发人们靠近的兴趣。而用店面广告装饰热烈的门店，能够营造出热销的氛围，就如一位热情洋溢的漂亮姑娘，容易获得众人的青睐，激发顾客的购买欲望。

因此，店面广告推广对门店知名度的提升、营业额的提高及顾客的认可度提升都会有很大的促进作用。店面广告推广是一个系统工程，由户外广告、店头、POP、橱窗形象广告等各类元素组合而成，合理有效地利用这些广告工具将为门店的宣传与销售起到事半功倍的效果。

2.1 卖场喷绘 POP

卖场 POP 广告被世界各国视为五大媒体之一，在市场竞争中发挥着重要的作用，受到了广大大中型零售企业的重视。大型门店（营业面积在 1000 平方米以上）和中小型门店（营业面积在 1000 平方米以下）虽然对于 POP 广告有着共同的需求，但是具体的要求和使用的细节又有很大的差别。

对于大型门店而言，他们大量使用 POP，而且形式标准统一、更换极其频繁，要求 POP 的制作成本低、输出效率高，一般采用喷绘或印刷的方式。

核心概要

卖场 POP 是一些不拿薪水、忠于职守、永不擅离工作岗位的、以帮助消费者选购商品为己任的无声的推销员，是门店与消费者之间沟通的桥梁。他们以醒目的色彩搭配、活泼的版式布局、精美的插图等，向消费者宣传商品的特色、服务项目等，成为与消费者沟通的重要媒介。

POP 广告的含义

POP 广告是近年来在国内外受到普遍关注的一种广告形式，它是英文 Point of Purchase advertising 的缩写，意为“购买点广告”，简称 POP 广告。POP 广告的概念有广义的和狭义的两种：

● 广义的 POP 广告

指凡是在商业空间、购买场所、零售商店的周围、内部以及在商品陈设的

地方所设置的广告物，包括卖场的一切有助于刺激购买欲望，促进产品销售的广告形式，都属于POP广告。

例如：商店的牌匾、店面的装潢和橱窗，店外悬挂的充气广告、条幅，商店内部的装饰、陈设、招贴广告、服务指示，店内发放的广告刊物，进行的广告表演，以及广播、录像电子广告牌广告等。

● 狭义的POP广告

仅指在卖场所布置一些以宣传商品、促进商品销售为目的广告。如店内悬挂的吊旗、张贴的宣传画等。

POP广告的分类

分类标准	类型	说明
摆放的地点	室内POP	指柜台及货架陈列、室内灯箱、柱形广告、模特儿以及各种悬挂、张贴的广告，其基本功能在于改善卖场的购物环境，突出商品和服务的质量，刺激消费者的购买欲望
	室外POP	指卖场外面的一切广告形式，如门面装潢、橱窗、霓虹灯、灯箱、电子显示屏、旗帜、横幅等，其基本功能就是吸引消费者的注意，并促使他们尽快作出走进商店的选择，还能起到建立卖场的识别标志和强化卖场个性特征的作用
展示和陈列的方式	店头POP	置于店头的POP广告，如看板、海报、店招、立场招牌、海报、大木偶站式广告牌、实物大样本、高空气球、橱窗展示、广告伞、指示性标志等
	立地POP	放置在商店内、外的地板上的广告，如易拉宝、X架等，材料可使用纸、厚纸板、塑胶、亚克力、金属等
	悬挂式POP	悬挂在卖场空中的气球、吊牌、吊旗、包装空盒、装饰物称为悬挂式POP。悬挂式POP随微风拂动，造成各种动感，从各个角度，都能吸引顾客的注意，能有效地创造出卖场活泼、热烈的销售气氛
	柜台POP	是指摆放于柜台上的展示广告，柜台POP最能吸引消费者注意力，但注意这种广告不能摆得太高，以免妨碍店员和消费者的视野

（续表）

分类标准	类型	说明
展示和陈列的方式	壁面 POP	是指利用墙壁、玻璃门窗、柜台等可应用的立面，附在立面上的 POP 广告，如海报板、挂旗、告示牌、贴纸、装饰等。它以美化壁面、商品告知为主要功能，重视装饰效果和渲染气氛
	陈列架 POP	附在商品陈列架上的小型 POP，如展示卡、DM、标价卡、广告牌、货架卡等
	价目表及展示卡	价目表上写明标价，展示卡上说明商品的特性。此种属于小型的 POP 放置的商品旁、橱窗内，或是直接与商品附在一起，视觉效果极佳

具体的 POP 广告类型请见下图：

立地式 POP

悬挂式 POP

柜台广告

壁面 POP

价目卡

另外，如果按照用途分类，POP 广告还可以分为以下几种类型：

类型	说明
吸引顾客进店 POP	在店面外张贴品牌介绍、新品到货、季末清仓等吸引顾客的 POP，在心理上给目标顾客方便进入的感觉。如果配合招牌、条幅、横幅等宣传手段，可有效提升购买力
引导 POP	以顾客的视线为基准在店面天花板、墙壁、地面等布局显要位置放置商品分类、收银台、休息区、电梯口、安全出口、吸烟处、洗手间等不同类型的 POP，让顾客体会到购物的便利性

（续表）

类型	说明
新品 POP	新品推广能力往往代表着一个店面可持续发展潜力的高低，新品优先陈列，新品 POP 上书写的生产厂家、商品名称、Logo、价格等要符合 CI 的要求，卖点突出，文字简洁。如果新品 POP 的整体效果醒目舒适，意图明确，会显著提升销售总额与顾客
卖点 POP	客流高峰期，导购员一般无法满足顾客的服务需求，对主推商品进行卖点提炼，进行 POP 展示，可适当缓解销售压力，如 POP 内容为“本周销量排行第一款”
推荐 POP	如果出现库存过大、销售不畅、仅余尾货等问题，可以采用推荐 POP 的方式解决部分问题。如库存过大，POP 标明“店长推荐”字样；销售不畅情况适时调整陈列位，POP 标明顾客利益点；仅余尾货情况，POP 可标明“备受欢迎，限购一件”字样，激发顾客购买欲望
价格带 POP	顾客消费层次可以用价格带进行区隔，根据每个系列平均价格，我们可以判断出该系列对应目标顾客，并进行高中低群体分类，如低端顾客适应“超值精选，价格××元”的 POP；中档顾客“×××元买全3件套”的 POP
买赠 POP	可利用高档产品买赠推广，提升其消费级别，如“满××元，赠时尚手袋一个，价值338元”的 POP
处理品 POP	对于处理品可以选择相应独立的区域进行促销，如悬挂“断色断码，50元起”的 POP，配合广播等工具，对抛售有极佳帮助
服务 POP	制作“全心全意 以您为先”之类 POP，结合一线人员的可靠服务，对提升门店品牌形象有极佳的助推作用

POP 广告的作用

POP 广告就是将大众传媒广告所累积的效果，浓缩在销售现场，做最直接、最关键也是最终的展示和促销。卖场 POP 广告除了以强烈的视觉传达效果，直接刺激消费者的购买欲望，从而达到促销的目的外，还具有展示门店形象、装饰等作用。

<table>
<tr><th>作用分类</th><th>说明</th></tr>
<tr><td rowspan="6">促销作用</td><td>吸引顾客进店。在实际购买中有2/3的人是临时作出购买决策的，POP广告促销的第一步就是要引人入店</td></tr>
<tr><td>传达门店的商品信息，包括最新商品供应、特价商品等方面的信息</td></tr>
<tr><td>吸引顾客驻足，唤起其潜在意识，刺激其购买欲望，使他们根据自己的偏好选购商品</td></tr>
<tr><td>配合季节、节假日进行促销，营造一种欢乐的卖场气氛</td></tr>
<tr><td>使消费者产生购买愿望，达成交易目的</td></tr>
<tr><td>代替店员说明商品的使用方法与特征，避免人力浪费，减少人力成本</td></tr>
<tr><td>装饰作用</td><td>卖场POP广告既能为购物现场的消费者提供信息、介绍商品，又能美化环境、营造购物气氛，在满足消费者精神需要、刺激其采取购买行动方面有独特的功效</td></tr>
<tr><td>塑造形象作用</td><td>门店将商店的标志、标准字、标准色、企业形象图案、宣传标语、口号等制成各种形式的POP广告，以塑造富有特色的企业形象。卖场POP广告能起到装饰和衬托的功能，突出门店形象，吸引更多的消费者来店购买</td></tr>
</table>

此外，POP广告的相对成本是最低的。据美国学者对POP广告成本的统计，每千人成本不足50美分，从而使POP广告的作用更较之其他类型的广告突出了。

卖场 POP 的四种基本制作方式

目前国内POP制作方式主要有以下四种：

- 印刷制作。即采用统一印刷的方式制作POP，这种情况在连锁专卖店、便利店等应用非常广泛。
- 软件制作。其中又分为两种方式：一种是采用通用软件制作（比如PHOTOSHOP等）；另一种是采用专用软件制作。
- 手工书写。这是目前超市卖场、中小零售门店最主要的方式。
- 翻牌POP。这是将价格数字事先制作好，进行促销时仅仅将价格牌上下翻动，这种方式在各地的沃尔玛、好又多等大卖场比较常见，具有费用低等特点，但是由于价格牌上面没有商品品名，实际效果不是很明显。

评价卖场广告优劣的标准

- 简明，一目了然。
- 有创意，对消费者产生直接冲击，并产生连续兴趣。
- 强调销售重点，提供产品消息。
- 生动有趣。
- 易懂，使用消费者和常用的话。

实操案例

老刘的女装店与小陈的便利店相邻，看到经常有顾客站在小陈的便利店前驻足观看，然后就进去购物，老刘决定向小陈取经。

老刘：“小陈，你的店门口那些花花绿绿的纸片好像挺有用的，路过的顾客都爱停下来看一看！”

小陈：“那些叫 POP 广告，是我们的连锁总部定期发下来的，主要是推介本月的促销商品，对销售的促进作用确实挺大的。”

老刘：“可惜我的店是自己开的，没人给我做这些东西。”

小陈：“POP 的制作可以采用印刷、喷绘、手绘等方式。其中印刷适用于连锁专卖店、大卖场等，因为印刷的数量一般在 3000 份以上，对于中小型零售店来说是一笔不小的负担。”

“像你的这种女装店，可以采用喷绘或手绘的方式，其中喷绘需要先在计算机中设计好样稿，然后由专业的喷绘机打印出来。最简便的方式就是用手绘了，既能发挥你的创意，又能让顾客产生亲切感。”

老刘：“可我根本不懂美术，听说你是美院平面设计毕业的，要不你帮我设计设计，然后我再到文印店打印出来？”

“好啊，那我们就一起来合计合计，正好我的店内有计算机。”小陈说着便领着老刘走进自己的店里，开启自己的计算机。

与老刘商量好促销的优惠条件后，小陈先在图库里找到一位时尚的女模特，然后提炼了八个字作为 POP 的主题，再将促销的优惠条件用简洁的数字表达出来，不一会工夫，一张简单、高雅的女装 POP 广告就大功告成了。

“怎么只有十几个字啊？多写一点不是可以让顾客知道更多吗？”老刘问。

小陈：“POP 广告的内容在于精而不在于多，一般控制在 15～30 个字为佳，以便消费者在 3 秒之内能看完全文，清楚知道促销内容。你就相信我的专业水平，拿去喷绘吧！”

老刘让文印店打印了 6 张广告粘贴在店门口的玻璃上，只是花费了几十元，却吸引了不少顾客进店，生意越来越好，老刘的脸上乐开了花。

具体应用

在门店经营中，POP 广告因具有成本低、操作简单、见效快、灵活性强等优点，成为了门店广泛使用的广告形式。卖场 POP 广告通过有针对性的、简明扼要的说明，使消费者对不熟悉的商品产生好感，从而促进销售。

在具体的应用中，门店人员应尽量发挥 POP 广告的效用，有效地提高门店的销售业绩。

卖场 POP 广告设计制作流程

卖场 POP 广告的运用能否成功，关键在于广告画面的设计能否简洁鲜明地传达信息，塑造优美的形象，使之富于动人的感染力。其设计制作流程如下：

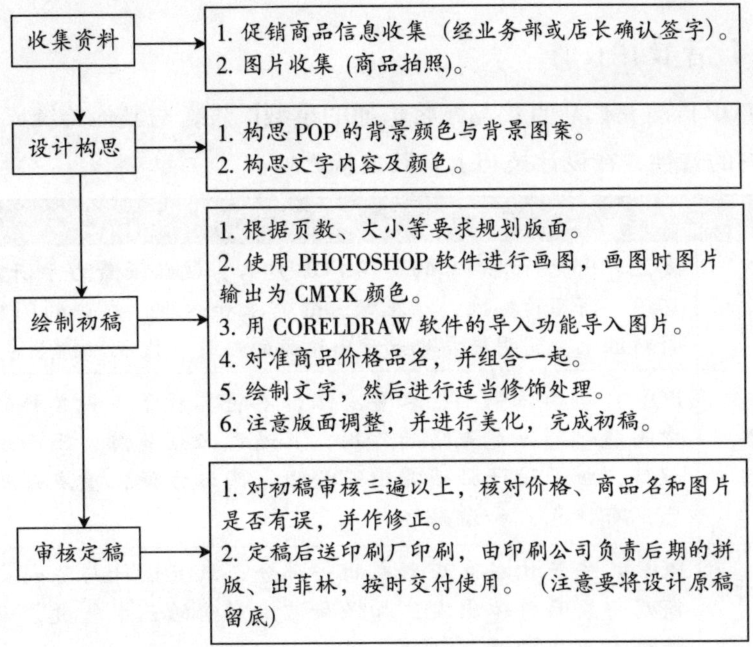

POP 广告的信息传达原则

POP 广告作为门店重要的促销手段，必须十分重视其信息传达的准确性原则、逻辑性原则和艺术性原则。

> **准确性原则**

POP 广告是围绕着商品促销的目的进行的，在制作 POP 时必须十分准确地把握商品的特征——引领潮流或是实用实惠；准确地把握消费者的消费特征——顾客的类型、收入水平、对商品售价的反应度。

> **逻辑性原则**

POP 广告是以视觉效果向顾客传达门店的促销意图和信息的，因此要有逻辑地建立 POP 广告的视觉形象秩序，要杜绝视觉形象的过多和过滥。这就要建立卖场中货架、装饰手段与商品之间的秩序关系，要做到井然有序、适度装饰与渲染。

> **艺术性原则**

POP 广告的目的就是促进销售，因此在广告形式和宣传手段上必须“唯实”，而不能“唯美”，即要注重广告的实际效果，而不是片面追求广告形式的纯美的艺术表现。

POP 广告设计技巧

卖场 POP 广告是门店直接与顾客沟通的小型广告，与其他传统广告相比具有自己独有的特性，在设计技巧上有其独特之处。

设计技巧	说明
注重现场心理攻势	要设计出能打动顾客的卖场 POP 广告，就必须着力于研究门店的环境、商品的特性，以及顾客的需求和心理，广告的图文必须有针对性地、简明扼要地表示出商品的益处、优点、特点等内容
造型简洁，设计醒目	POP 广告的体积小，容量有限，要将其置于各种各样的商品之中而能起到画龙点睛的作用，其造型必须简练，画面设计必须醒目，版面设计必须突出而抢眼，阅读方便，重点鲜明，有美感，有特色，和谐而统一
注重陈列设计	POP 广告是构成商店形象的一部分，故其设计与陈列应从加强商店形象的总体出发，加强和渲染商店的艺术气氛，吸引消费者进入商店购物
增加立体造型因素	从视觉的角度出发，为了适应门店内顾客的流动视线，POP 广告多以立体的方式出现，所以在平面广告造型基础上，还得增加立体造型的因素
服务于促销活动	POP 可以吸引消费者的视线，刺激其购买欲望，因此在促销活动中的地位日益重要。门店人员要随时研究和分析消费者的购买心理和消费心态的变化，以设计出有利于促销活动的 POP 广告
与企业的形象相符合	POP 广告的设计既要具有鲜明的个性，同时还要从企业和商品的主体出发，站在广告活动的立场上，全盘考虑
应针对顾客的关心点进行诉求	价格是顾客购物时最关心的因素之一，也是 POP 广告信息组成中的重要元素，在其内容编排时最好考虑留出一块重要的位置和足够的面积，用来标示商品的价格。另外，广告的颜色以三色以内为宜，造型与色彩必须配合季节、喜庆节日，考虑季节性和生活习惯等客观因素
新颖独特	POP 广告必须新颖独特，才能够很快引起顾客的注意，激发他们“想了解”、“想购买”的欲望
强调现场广告效果	根据门店经营商品的特色，如经营档次、门店的知名度、各种服务状况以及顾客的心理特征与购买习惯，力求设计出最能打动消费者的广告

POP 的关键——文字与色彩

文字和色彩都是具有感情的，一般以视觉为诉求的 POP 都必须依靠文案和色彩来展现其独特的魅力。只要依照商品的形象和商品的诉求内容去表现它，才能让 POP 更具吸引力。

POP 广告的“文案”结构，大致为：引人注意的广告词、标题、正文、饰框、插图。

- 引人注意的广告词。其主要作用就是要引起顾客的注意，至于与主题有没有直接的关系，并不重要。例如：春：“新春行大运”、“新春见面礼，来就送”；夏：“清凉一‘夏’”、“‘夏’之恋”；秋：“贺中秋，庆团圆”、“中秋夜，情意浓”；冬：“送旧迎新，跨年大特卖”等。
- 标题。这是 POP 制作最重要的一环，应力求简明、易读，引起顾客的注意。因此标题的“字数”不可太多，最好在 10 个字以内，尽量少用外文。
- 正文。有针对性地、简明扼要地表现出商品所能提供的特殊利益、优点、特征等内容。在书写时，内容不要太多，且尽可能地分条书写，简短有力。最重要的一点必须注意：将最具魅力的写在最前面，吸引顾客继续阅读下去。
- 饰框。其主要的用途是将 POP 的内容与旁边的其他事物隔离开，便于顾客阅读。
- 插图。利用简单的小插图，来修饰纯粹文字制作的 POP 的单调乏味。

结合以上要点，我们来看下面的 POP 广告示例：整个画面清晰美观，春天美的气息扑面而来，主标题“扮靓春天”简短醒目，副标题“尽善尽美 尽在佳美”与“佳美购物广场”相互呼应，正文“用时尚扮靓春天 让美丽随心飘逸”作为主标题的注解，引起消费者自然的选购春季服饰商品的冲动，而且插图也十分简单唯美。

POP广告制作的要点

- 三个突出：一是突出品牌；二是突出产品特色，制造卖点；三是力求新颖别致。
- 制作POP广告时要注意：诉求内容明确、单一，字体清晰易读，整体醒目、新颖，力求美观。
- 材料选用：宜以浅色并具有耐久性的色纸为宜，使用浅色纸的理由，在于浅色纸上书写文字较易阅读。
- 由企划中心发放POP广告彩喷图，所有门店必须依要求制作，做到统一性。
- 应预先考虑POP广告设置后的处理，如维护、破损、季节更换等。
- 造价相对较低、档次较高、耐久性较长才是理想的POP广告。
- POP广告尺寸大小的确定必须依据各种材料的不同规格来进行，以免浪费材料。
- POP广告的规格：宜采用长方形，并因地制宜、大小适中，以不遮蔽陈列的商品为原则。为了发挥显著的吸引效果，幅面越大越好，但是必须注意，给顾客看到的并非POP广告，主要还是商品。

各类型喷绘POP广告的布置摆放

- 价格是顾客的一大关心点，所以价目卡应置于醒目位置。
- 商品说明书、精美商品传单等资料应置于取阅方便的POP展示架上；对新产品，最好采用口语推荐的广告形式，说明解释，诱导购买。
- 地牌放置在店门口，面街展示，避免与其他地牌混杂在一起；如需放置店内，应摆醒目位置（如收银台、主过道、电梯口）。
- 横幅悬挂于店门上方，如需挂于店内，则最佳位置为迎门墙壁上方、主货架上方及电梯上方。
- 灯箱位于店内最佳位置，最好不要与其他灯箱混杂在一起，否则，以颜色加以凸显。

- 壁牌张贴于店内墙面，避免与其他宣传品混杂，位置醒目，不被遮挡；放置或张贴在店内某物体上，也可张贴在店外墙面或玻璃橱窗上。
- 大包装盒放在店内货柜上方，也可以吊于天花板上，尽量多放。
- 小包装盒放置在货架顶部、吊于天花板上，或放置在店内某物体上，尽量多放。
- 特价商品应同时明显地标出原价和特价。
- 横幅悬挂于店门上方，如需挂于店内，则最佳位置为迎门墙壁上方、主货架上方及电梯上方。
- 台牌放置在迎门、产品陈列附近的柜台上，或放置在店内某较低物体上，位置醒目，不被遮挡。如台牌卡放置在柜台上，则靠近产品摆放处，内装折页或小手册，便于目标购买者详细了解产品。
- 产品模型分户内和户外两种，户内“金字塔式”拼摆，用透明胶固定，户外应注意避免碰损。
- 巨幅视觉效果极佳、大气，应悬挂于大型商场、门店正面或面对人流量较大的墙面上，但要注意防风设施。
- “推拉指示”张贴于门上，位置在把手上端，推拉对齐、不歪斜、高度适中；有“推”必有“拉”，门门必贴，确保形成“一道风景线”。
- 小海报最好四联张以上，依据现场条件组成“田”字方阵或纵横“一”字形，三张应贴成“品”字形；小海报可串线制成彩旗悬挂，避免与其他同色宣传品混杂。
- 招贴画通常要选择店外两侧 1.4 ~ 1.8 米光洁墙面、店堂玻璃门或店内 1.4 ~ 1.8 米光洁墙面上，粘贴牢固，排列张贴，视觉及宣传效果更佳。
- 吊旗并排悬挂于进店 2.5 米高、正面柜台上方。

注意事项

很多门店会遇到这样的情况，POP 广告设计得非常新颖独特，但因为摆放过多或摆放得不合理，不但未能发挥应有的效果，甚至适得其反。要想使 POP 广告达到理想的宣传效果，需要注意以下几个方面。

POP 广告的评估重点

➢ 有没有超过顾客目视的高度（单品大量陈列基本高度为 140 厘米）。

➢ 是否根据商品的陈列决定 POP 的尺寸。

➢ 商品使用方法的说明介绍是否准确无误。

➢ POP 有否与商品相联系。

➢ 有没有脏乱或过期的 POP。

➢ 品名、规格、价格、期限是否正确。

➢ 商品说明文是否在 10 ~ 30 字的范围内。

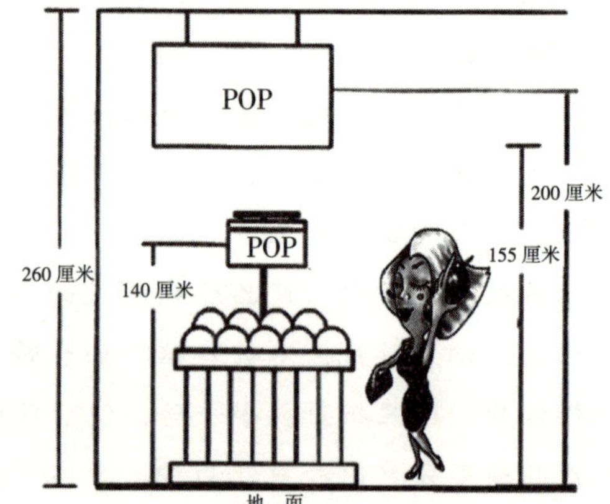

➢ 顾客是否看得懂，禁用繁体字，亦禁用过于艺术化的字体。

➢ POP 摆放是否过多，有没有造成通道视线不明。

➢ POP 数量是否过多，有没有造成反效果。

➢ POP 是否写得太潦草或有错别字。

➢ POP 是否因水沾湿而卷起破损。

➢ 特价品 POP 有没有强调原价及日期。

POP 广告摆放的注意事项

卖场 POP 广告的摆放是策划中一个很重要的问题，具体来说应注意以下几个方面：

➢ 不要与商品离得太远。

➢ 不能遮挡展示的商品。

➢ 要与顾客的视线成直线。

➢ 不能妨碍顾客触摸商品。

➢ 不能用强力胶贴在商品上。

➢ 不能直接画在商品上。

➢ 考虑日后容易拆卸。

POP 广告的维护方法

- 一般情况下每周至少检查2次，发现污损、遗失时，及时更换或补位。
- 定期更换，保持常新，换成不同的版面更好。POP 广告容易蒙上灰尘，如不经常保持清洁，其广告功效将大为逊色。
- 能够长期放置的 POP 广告，应注意定期维护，注意其变动情况并保持整洁。
- 更换及拆除已褪色或附有旧的广告标语的广告物。
- 门店要经常检查卖场宣传气氛的构造状况，包括卖场是否有足够的气氛，POP、海报是否足够多，POP、海报是否有合适的位置？是否善用其他助销宣传品？卖场助销是否突出醒目超过对手等等。
- 不应同时出现两个新旧广告攻势的广告品。
- 用于阶段性促销的 POP 工具，促销活动结束后必须换掉，以免误导消费者，引起不必要的纠纷。

2.2 卖场手绘广告

对于中小型零售门店来说，由于 POP 广告的使用量相对较小，所以他们更希望制作 POP 广告时成本更低、更方便，制作时间也相对较短，最好能具有与众不同的个性。

卖场手绘广告不但成本低，而且易于操作，灵活性与实效性更强，还会给顾客一种亲切感，因此被各类中小型零售门店广泛运用。

核心概要

卖场手绘广告最早出现于美国，然后传到日本以及我国的台湾。在传入我国台湾后，手绘广告的魅力才发挥得淋漓尽致。究其原因，很可能是因为汉字本身的特点，以及中国自古以来的艺术理念，与这种现代表现形式能够更好地融合。

卖场手绘广告的含义

卖场手绘广告是不借助任何设备，以亲手使用专用的 POP 书写工具（笔材）绘制出来的色彩鲜艳、图文并茂的表达促销之意的 POP 海报。手绘 POP 制作成本较低，不需借助任何机械印刷工具，可大大缩短制作时间，具有较强的机动性、灵活性，可随时令节气、新品推出等更换广告。

卖场手绘广告流露出的亲切感是其他印刷品所不能表达的，它的亲和力更能激发起消费者的购买欲望。手绘 POP 能够配合门店整体格调的搭配，既有助于推销，又能营造出门店的热卖氛围。

虽然具有很多优点，但手绘 POP 有一个不足的地方，就是短时间内绘制的数量有限，如遇重大节庆日、长假日、大型促销活动时门店需要更换大量的海报时，门店就要组织全体美工人员加班加点赶制，甚至提前数日就要开始加班制作。

卖场手绘广告的特点

与印刷、喷绘的卖场 POP 广告相比，卖场手绘广告具有以下特点：

特点	说明
针对性极强	卖场手绘广告能根据门店的商品陈列布局、店面空间情况、促销的商品以及促销的手段而特别绘制，完全适合门店促销的要求，具有很强的针对性
制作灵活、快捷	卖场手绘广告，不必经过严格的审查，也不必进行精密的构思，一切都是随卖场及顾客的需求、商品的更换、竞争的需要、市场的变化而绘制的，因而制作灵活、快捷
费用极低	卖场手绘广告的制作材料相当便宜，花费不大。但门店必须注意选用创意好、表现力强的手绘人员，才能绘制出出色的广告
促销效果显著	卖场手绘广告以其极强的针对性，强烈的视觉冲击，同时融合了卖场的各种因素，因而能起到很好的促销效果。
具有亲切感	由于用非常富有变化和亲切感的文字、图画来制作，使 POP 广告倍显自然亲切，给顾客一种轻松舒适、一目了然的视觉享受。

机器印刷、喷绘的 POP 广告与手绘的效果各有所长，发挥的作用也不一样。在效果方面，经过计算机及专业人士的广告处理，质量有保证，并且价格也不算贵。如果门店需要的是放置时间较长的 POP 广告，那么使用印刷或喷绘的 POP 在风吹日晒的环境下可能更经得起考验。

如果门店需要的是配合短期促销活动的 POP，那么手绘 POP 半个小时就能完成，而且色泽鲜艳，让人倍感亲切，这是印刷和喷墨所达不到的。但是，手绘的创作速度快，老化的速度也同样快，难以长久不变色。

卖场手绘广告的应用范围

我们已经知道，卖场内的 POP 广告的数量不是越多越好。那么，在何种情况下、哪些类别的商品需要应用到手绘广告呢？

- 特价、优惠的商品或重点促销的商品。
- 陈列在门店明显位置的商品。
- 新商品的推广。
- 季节性、流行性商品。
- 处于广告活动中的商品。
- 节假日促销活动的装饰。
- 门店临时性的各类通告、告示、招聘广告等。

卖场手绘广告的制作原则

要想制作一张适合自己卖场的 POP 广告，除了可以模仿其他商店既有的成品内容或参考画海报的书籍外，只要掌握以下制作原则，就可以手绘出一张既工整又亮丽的 POP 广告。

原则	说明
吸引顾客的注意	卖场手绘广告必须使用明亮的颜色，清楚明了、简短、有力的语句或数字去冲击顾客的视觉
容易阅读	卖场手绘广告的说明文内容要用简短、有力的文句来表现，字数以 15 ~ 30 个字为限
容易理解诉求点	卖场广告的诉求点是价格，还是质量，必须重点突出，一目了然。必须表现促销品的具体特征和内容，及其对顾客的效用价值；文字与用语要符合时代的潮流和顾客的需求；要反映商品的使用方法；应该根据不同的消费层次来决定文字用句
美观、有个性	要有个性、有创意，给顾客以美的享受
具有统一和协调感	要统一风格，与整个门店的气氛协调相统一
层次分明，多方刺激顾客	不能局限于“价格便宜”的单一文字诉求上，应从多个角度刺激顾客，使顾客产生对该商品的依赖性，重点转移到对该商品的效用上来

实操案例

章强在步行街开了一家规模不小的服装超市，为了拓宽自己的经营管理思路，他经常参加一些商业性的朋友聚会。

“步行街上对手如云，为了参与竞争，我不得不经常举办一些促销活动，促销的点子还比较容易想出来，但要制作 POP 广告却成了新难题！你们有什么好的建议？”酒过三巡，章强提出了自己的问题。

“简单啦，你自己设计、手绘即可！”朋友甲。

“可惜我自己画画的水平不够，勉强做出来的 POP 会影响店铺形象。”章强。

“聘请一位专业美工！”朋友乙。

“以我店目前的规模，哪里能养得起专业的美工人才？”

“找计算机刻字店刻字！”朋友丙。

“计算机刻字形式单调缺少变化，而且按字数的大小收费；就算请朋友帮忙，欠人情不说，总得管一顿饭吧！也不便宜。”章强叹气。

“我上次去你的店里，看见的还是两个月前的 POP，你咋搞的？”朋友丁。

“上次好不容易请朋友帮忙制作了几张 POP，我恨不得在店里一挂就是一年，可顾客不买账啊！”章强苦笑了一下。

“我有一个简单的方法，找兼职的美工，或者价格公道的 POP 设计工作室。既可以让他们上门服务，也可以将制作要求告诉他们，让他们做好之后送到你的门店。我的一个朋友就是这样做的。”朋友丁。

三天后的周末，章强请的兼职美工到了，只见他拿出纸张、彩笔、颜料等工具，按照章强提供的商品及促销优惠条件，“刷刷刷”地开始制作了。很快，八幅形态各异、幽默有趣的手绘 POP 就挂了起来，章强的服装超市立即焕然一新，吸引了大批的顾客进店选购。

具体应用

早期的手绘广告十分简单，不重视美观只在乎告知商品信息。近年来手绘广告已经发展成一项艺术，手绘广告早已由最初的“大字报”转型为图文并茂的“图文看板”，大量活泼的图案及素材、丰富的色彩吸引着人们的目光。

卖场手绘广告的制作流程

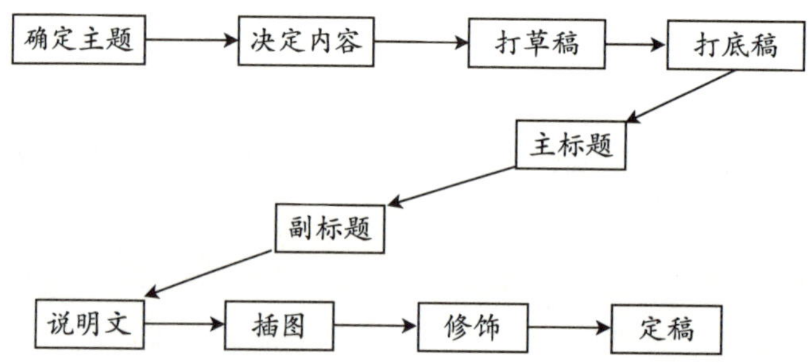

● 整体构思，确定主题

构思的主要内容有卖场广告的用途、特殊要求，如传达的是商品促销、特价信息或节假日活动信息等内容，然后确定主题。

● 决定广告的文字内容

广告的文字内容包括广告的主标题、副标题以及简单的文字说明。

- 主标题：是手绘 POP 广告中的重心，是整个广告中最重要的部分。主标题的设计必须清晰，可用几种颜色，字体上附带简单地与主题有关的装饰图案，并采用立体、阴影、字体加框等方式突出主题。
- 副标题：是对主标题的补充说明或进一步的详细表达，具有画龙点睛的作用。要求字体清晰、阅读性强。
- 说明文：根据 POP 广告的实际需要而确定，一般只有比较大型的促销活动、抽奖活动的 POP 广告才需配有说明文字。

● 广告布局构思

- 背景颜色的选择。应参照广告的类型、用途、突出的重点、季节，甚至要参考到具体的商品，灵活而有原则地进行选择。如春天多使用粉色、绿色，夏天多使用蓝色、青色等，春节或中秋颜色多为喜庆的红、黄色，圣诞节则多用白色、绿色等。
- 装饰图案。能起到帮助顾客理解广告的内容和美化版面的作用，为避免版面过于死板，通常增加简单的装饰图或改变文字的版面安排来加以改善。图案包括插图和装饰图案，插图的选择和创意不受限制，应多选择形象性、象征性的图案。
- POP 广告中的文字。包括中文、数字、英文等，可以选择不同的字体，字体的大小也要错落有致，英文和数字的要求只要是容易阅读、清晰完整即可。
- 版面的编排。要求重点突出、容易说明、美感及动感协调统一。需要考虑的因素主要有：说明文字、价格、图案等大小的比例分配，主要文字与辅助文字的字体大小，文字行间距、字间距的选择，整个广告的轮廓线、分割线的确定等。

值得注意的是，版面的编排是很重要的一环。在手绘 POP 时，要求每个字体都书写得很漂亮，而且分布编排得宜，让顾客在目光所及的三秒内便能了解。所以，实际的编排构成需考虑如下几点：

- 纸面的面积、大小和能够容纳的分量；
- 重点的位置和画面的重心；
- 诉求的文句、标题、标语和重要的商品名的相互关系和位置的决定；
- 小标题或标题的简单说明文字的位置和诱导顺序；
- 文字的大小、行间、字间等的定案；
- POP 所使用的色彩与文案应该与商品本身的品牌印象相符合。

● 初稿的完成

在正式制作 POP 广告前，必须用笔简单地进行初稿的构图，将主要的意

图、编排的草图做出来，之后再正式绘制，直至定稿的完成。

结合以上要点，我们来分析下面的手绘 POP 广告示例：整个画面分为上下两个部分，上面部分的主标题“今日特惠”直白醒目，下面部分由“厨师”造型的图案与文字“尖椒炒牛杂 10 元/盘”组成。整个 POP 带给顾客清晰、生动、俏皮的感觉。

卖场手绘广告的技巧

● 卖场手绘广告的工具

工欲善其事，必先利其器。工具的选择与应用非常重要，选择良好适合的工具，往往能起到事半功倍的效果。如粘贴工具，可以用喷胶来处理大面积的粘贴动作，远比用双面贴或胶水来得有效率。

用来描绘或书写的材料工具种类繁多，而每一种各有其独特的表现技法及效果。其中马克笔因其容易掌握、书写方便等特性而有 POP 笔之称，而平头笔笔头柔软，可以写出多种风格不同的 POP 体，一样广受大家的喜欢。

利用马克笔绘制卖场广告，不必具有深奥的技术，它和广告颜料不同，是一种不容易失败的工具。马克笔分为油性、水性两种，因此必须配合使用的材料来选择适当的马克笔。书写时，笔应与纸面呈 45°角，不可过分用力，而要按照一定的律动来描画。

另一个值得注意的是陈列工具，完成的作品如果没有靠陈列工具来辅助展示出来，或者是展示的效果不佳，那么再好的作品也是白费。

● 卖场手绘广告标题字写法

技巧	说明
体现字组结构的整体性	标题文字的字数不宜太多，一般以2秒钟左右读完为限。若标题字只有三五个字，可视本身设计的需求，在字形上或字组上做较大的变化，而此时更要注意整个标题字字组结构的整体感，还有整组字的平衡性
配合笔的特性做变化	标题字要吸引目光一般都采用较粗大的字体设计，而适合书写标题字的笔具包括平头笔、圆头笔、毛笔或较粗实的POP广告笔，这些笔头的造型与特性都有很大的差别，因此要熟练运笔，掌握笔具本身的特性，才能适当地发挥其变化字体、美化字体的作用
凸显字的个性	书写前要考虑商品及商店本身的性质和类型，以此来决定字形个性，例如优雅、新奇、柔软、坚硬、厚重、轻盈、现代、古典等。例如化妆品专柜的手绘POP，其标题可选用较具女性化及纤细的字体；若是家电业，外形冷硬的电视、空调、冰箱就可以选用粗硬、较具男性化的字体
附加的效果	在字体上或字旁增加一些辅助线条，会产生立体、重叠、阴影、块状的效果，为了避免弄巧成拙，必须要注意两点：一是标题字数多，不宜增加不必要的效果；二是色彩不宜故作奇形怪状，应保持大方、清新的美感
绘字	先将所要写的字用铅笔画出来，注意字体的笔功要分布匀称，外形要尽量饱满方长；字的个体内的笔画尽量连起来；字间要紧凑，让整个标题字成为具有整体感的一组字

● 卖场手绘广告说明文的写法

技巧	说明
文句排列	中国文字是属于方块形的字体，由单一字体逐次排列组合文句，可作竖式和横式的排列。竖排时，其阅读方向是由上向下，再由右到左；横排则由左至右，再由上至下为顺序
行间距	文字的行与行之间应留一定的行间距，手绘字体由于字形较大，每行的字数也较少，行间以3/4个字位至1/4个字位最为实用

（续表）

技巧	说明
绘字	描绘的说明文较多时一般使用粗型的签字笔和圆头形的奇异笔，一般先用铅笔画底线，再来描绘字，才会整齐美观。同时字与字之间不可有太大的距离才有紧凑感。如果说明文为横式排列，一般以“左右无字间，上下有行间”的原则来描绘

● 手绘广告色彩使用技法

人们在面对色彩时，心理会受到颜色的影响而产生变化，这些变化使人们有许多不同的情绪，如沉静、温暖、活泼、轻快、稳重等等。但要特别注意的是，不同的种族、性别、年龄，或是个性上的偏好，都会对颜色产生不一样的认定及反应。

一张完整度高而且具欣赏价值的手绘广告，其技法的表现及应用，其成熟度充分影响到消费者的感觉，并且关系到广告的成败与否。

在许多的表现材质中，我们选择了几种较为方便、普通，而且较常被使用的画材，如广告颜料，水彩等来做一些技法上的示范。

- 广告颜料重叠法。广告颜料是一种可塑性极高的画材，使用起来也非常容易掌握，其特点是颜色鲜艳、厚实、混色性良好，可以调配出多种多样的颜色；而且覆盖性佳，可以重叠上色，也易于修改，对于初学者来说是个不错的画材。
- 广告颜料平涂法。和重叠法的差别在于平涂法是将每个范围只以一个平整的颜色表现，即使是立体的表现也是一样，比起重叠法来说，平涂法更为简单。

注意事项

一张精美的手绘广告的诞生，凝聚了创作人员大量的心力。要创造出色的卖场手绘广告，发挥卖场手绘广告的最大效能，需要注意以下事项。

注意整体效果

- 排版：首先，决定是采用直式排列还是横式排列，落笔时要注意四边留有空间，以免版面分散，不够集中，给人粗制滥造的感觉。其次，字体大小、款式与及整个版面颜色的搭配也要事先考虑。
- 主标题：是手绘广告的重点，最能吸引顾客的目光，必须简洁凝练，字体要醒目、清晰、阅读容易，字数不能过多。
- 副标题：是对主标题的补充说明，目的是进一步使内容更吸引观众，具有画龙点睛的效果。
- 说明文：书写时要注意语句通顺，简明扼要；应把有吸引力的信息写在前面，吸引顾客往下阅读；书写行数尽量控制在 7 行之内，每行不要超过 15 个字。
- 插图：插图可以使 POP 生动化，给顾客活泼有趣的感觉，但应尽量避免过于精细和粗糙。
- 装饰：文字的修饰很重要，但要注意大字不修饰会显得单调，小字太多修饰会妨碍阅读。另外还可以采用饰框、图案底纹等方式。

其他注意事项

● 颜色

颜色会为手绘广告带来生命，同时也会引起消费者的注目。同样的文案形成的手绘 POP，往往会因颜色的不同而有很大的差异，所以要使用配合商品、题目、季节的颜色。

在一张手绘广告中，使用的色纸尽量能够突出字体效果，但具体的文字不能使用太多的颜色，一般三种颜色左右即可，而且这三种颜色可选用包装或季节的颜色，才会显出适当的气氛。

倘若一个商品有很多适用的颜色，那么在制作 POP 广告时，更要慎重选择，尽量配合商品，使用和商品同色系的颜色来表现，纵使不可能，也要使用相近的颜色，才能使消费者产生亲切感。

● 文字与字体

应该使用通俗易懂的文字，并且选用容易看明白的字体，避免出现龙飞凤舞顾客看不懂的现象。对于价格数字要采用凸显个性及令顾客感到高雅悦目的字体。

2.3 橱窗形象广告

四季变化不断的门店橱窗形象广告，就像一幕幕生动有趣的情景剧，它以商店沿街的玻璃窗为舞台，以巧妙的构思、设计，富有艺术和整体感的重要商品陈列为布景，立体地、透明地向公众显示门店的经营特色和商品信息，引发消费者驻足观看、细细品味的兴趣。

从经营者的角度看，橱窗最能集中反映门店经营活动的特点，也是最富有吸引顾客能力的手段；从消费者的角度看，橱窗已成为衡量一个商店商品是否充裕新颖的标志，对人们选择购买有很大的影响。因此，如何充分利用橱窗广告宣传商品、招徕顾客、扩大销售、提高企业声誉，对一家零售门店来说是十分重要的。

核心概要

在现代商业活动中，橱窗既是一种重要的广告形式，也是装饰门店店面的重要手段。橱窗广告形象、直观、吸引力强，是店面广告中最有吸引力的一种形式。

橱窗广告如同一张亮丽的企业名片，越来越受到门店的青睐。如何更好地营造橱窗广告的视觉效果，凸显广告的艺术性，表现特定的诉求主题，是门店经营的一项重要工作。

橱窗广告的含义

橱窗广告是商店利用临街门面设置玻璃橱窗，对所经销的商品进行科学的

分类，有目的地进行选择，在巧妙的艺术构思的基础上精心布置商品，以达到富有装饰性和整体美感的审美效果，借以宣传商品，促进销售。

橱窗广告是以美学为素养，以空间、形态、色彩、灯光等现代科学技术和材料为手段，以争奇斗艳的商品为材料，以艺术的形式为表现，为消费者塑造一个物质与精神并重的商业购物环境。

橱窗广告的魅力在于：人们初见到橱窗广告，觉得它引人入胜；认真看时觉得津津有味，想反复欣赏；看过之后，回味无穷；看完之后，从橱窗前的看客成为进店购买商品的顾客。

橱窗广告的功能与作用

功能与作用	说明
促进销售	为了实现营销目标，门店通过对橱窗中商品、道具以及背景广告的组织和摆放，来达到吸引顾客注意、激发购买欲望，增强消费者的购买信心，从而达到销售的目的
传播品牌文化	一个成功的橱窗可以反映一个品牌的个性、风格和对文化的理解。橱窗广告作为门店商品促销及文化传播一个非常有力的“武器”，在终端已开始扮演越来越重要的角色
其他功能	展示主推商品系列；体现品牌的潮流及风格；展示未来的流行趋势；体现季节、气候的变化；宣传品牌的促销活动；体现品牌的系列化

橱窗广告的特征

由于橱窗具有直观的展示效果，使它比电视媒体和平面媒体具有更强的说服力和真实感。其无声的导购语言、含蓄的导购方式，也是店铺中的其他营销手段无法替代的。橱窗广告与其他媒体广告相比，具有以下特征：

特征	说明
真实、直接	橱窗广告将商品完整地、真实地展现在消费者面前，具有强烈的直观性和示范性，传达给消费者的是真实可靠的商品形象，消费者所感知的是活灵活现的商品，无须更多说明就可直接认知
吸引力强	从消费心理上分析，用实物进行广告宣传比抽象的介绍，说服力更强，更具有吸引力。消费者在浏览的过程中，不可能看到所有的商品并留下印象

（续表）

特征	说明
诱发消费者的冲动性购买	消费者在逛街的过程中，本来是一种无意浏览周围环境的状况，当他（她）受到一种无法抵制的突然刺激时，冲动性购买就会发生
有助于塑造企业形象	橱窗广告的目的就是创造一种意境，给人强烈的艺术感染，使消费者能感受到门店不同于他人的风格和个性，从而对树立门店形象、提高企业声誉产生良好的作用
便于企业自主利用	橱窗属于门店的自办媒体，具有自主性。门店可以根据市场的动向和发展趋势，适时地调整经营策略，及时变换橱窗内容，以满足消费者的需要

橱窗陈列的方式

一个布置精良的橱窗，不但能引来顾客关注的目光，而且能使顾客产生某种心理联想，激发其购买的欲望。

一般情况下，为了使橱窗广告主题明确，有利于消费者了解商品，通常采用以下几种陈列形式，门店可根据自身规模的大小、橱窗结构、商品的特点、消费需求等因素，选择具体的橱窗陈列形式。

● 综合式橱窗陈列

即将许多不相关的商品综合陈列在一个橱窗内，以组成一个完整的橱窗广告。这种橱窗布置由于所陈列商品间的差异较大，设计时一定要谨慎，否则会给人一种杂乱无章的感觉。

综合式橱窗陈列主要有以下三种形式：

陈列方式	说明
横向橱窗陈列	多为同类商品的展示，将商品分组横向陈列，引导顾客从左向右或从右向左顺序观赏
纵向橱窗陈列	一般用于配套商品的展示，将商品按照橱窗容量大小，纵向分布几个部分，前后错落有致，便于顾客从上而下依次观赏
单元橱窗陈列	多用于小商品的展示，用分格支架将商品分别集中陈列，便于顾客分类观赏

● 系统式橱窗陈列

门店的橱窗面积较大时，可以按照商品的类别、性能、材料和用途等不同标准，指将几种类型不同但又相互联系（在功能、用途上有着密切的关联）的产品组合陈列在一个橱窗内。

其陈列方式又可具体分为四种：

陈列方式	说明
同质同类商品橱窗	同一类型同一质料制成的商品组合陈列，如各种品牌的空调、摩托车橱窗
同质不同类商品橱窗	同一质料不同类别的商品组合陈列。如羊皮鞋、羊皮箱包等组合的羊皮制品橱窗
同类不同质商品橱窗	同一类别不同原料制成的商品组合陈列。如杏仁蜜、珍珠霜、胎盘膏等组成的化妆品橱窗
不同质不同类商品橱窗	把不同类别、不同制品却有相同用途的商品组合陈列橱窗。如网球、乒乓球、排球、棒球组成的运动器材橱窗

春秋女装便鞋系统式橱窗陈列

● 专题式橱窗陈列

即以一个广告专题为中心，围绕某一特定事件，组织不同类型的商品进行陈列，达到向顾客传递一个诉求主题的目的。例如，节日陈列、绿色奥运陈列等。

专题式橱窗布置多以某个特定环境、特定事件为中心，把有关商品组合陈列在一个橱窗内，包括节日陈列、事件陈列和场景陈列。

陈列方式	说明
节日陈列	以庆祝某一个节日为主题组成节日橱窗专题。如中秋节以各式月饼、酒类、保健品等组成的橱窗，既突出商品，又渲染了节日的气氛

（续表）

陈列方式	说明
事件陈列	以社会上某项活动为主题，将关联商品组合的橱窗陈列。如大型运动会期间的体育用品橱窗
场景陈列	根据商品用途，把有关联性的多种商品在橱窗中设置成特定场景，以诱发顾客的购买行为。如将有关旅游用品设置成一处特定的旅游景点，吸引过往观众的注意力

● 特写式橱窗陈列

运用不同的艺术形式和处理方法，在一个橱窗内重点渲染、集中表现某一种产品或某一品牌的系列产品，目的是向消费者较全面地推荐重点商品。通常适用于新产品、特色商品的广告宣传。

其陈列方式又可分为两种：

陈列方式	说明
单一商品特写陈列	在一个橱窗内只陈列一件商品，以重点推销该商品，如只陈列一台轿车或一架钢琴
商品模型特写陈列	即用商品模型代替实物陈列，多适用于体积过大或过小的商品，如汽车模型、香烟模型橱窗，某些易腐商品也适用于模型特写陈列，如水果、海鲜等

特写式男士西服橱窗展示

● 季节性橱窗陈列

根据季节变化把应季商品集中进行陈列，以满足顾客应季购买的心理特点，有利于扩大销售。但季节性陈列必须在季节到来之前一个月预先陈列出来，向顾客介绍，才能起到应季宣传的作用。

例如冬末春初的羊毛衫、风衣展示，春末夏初的夏装、凉鞋、泳装展示。

圣诞节主题橱窗

实操案例

在一次服装沙龙上，主持人邀请了P品牌的创意设计总监吴磊作为嘉宾，大家就如何做好橱窗广告展开了探讨。

主持人："橱窗是时尚的产物，透过橱窗我们可以触摸到城市时尚的脉动，感受流行季风的吹拂。那么，橱窗对于服装品牌来说具有什么意义？"

吴磊："橱窗看似张扬，其实是另一种含蓄，它不是逼着你买，而是吸引你去看。橱窗是艺术和营销的结合体，它的作用是促进店铺的销售，传播品牌文化。"

观众提问："'促进店铺的销售，传播品牌文化'如何实现？"

吴磊："为了达到促销的目的，陈列师通过对橱窗中服装、模特、道具以及背景广告的组织和摆放，来达到吸引顾客、激发他们的购买欲望，从而达到销售的目的。"

"另外，橱窗又承担起传播品牌文化的作用。一个橱窗可以反映一个品牌的个性、风格和对文化的理解，橱窗正是一个非常好的传播工具。"

观众提问："'促进店铺的销售'与'传播品牌文化'的设计思路会不会相左？"

吴磊："在橱窗的设计思路上肯定会呈现出不同的风格，例如，在强调销售的信息时，一般采用比较直接的营销策略，除了服装的陈列外，还会布置一些POP海报，追求立竿见影的效果，让顾客看了以后可以马上进店。"

“而需要强调品牌文化的信息时，除了服装以外，其他商业的信息比较少，橱窗更多强调艺术的感觉。手法比较间接，格调也比较高雅，追求一种日积月累的宣传效应。顾客看了橱窗后可能今天不一定进去，但会把品牌的概念留在脑海中，可能成为潜在的消费者。”

观众提问：“对于这两种不同的设计思路，在实际操作中有什么技巧?”

吴磊：“第一种设计思路：效果明显、直白。一般来说适应对价格比较敏感的消费群，以及中低价位的服装品牌，或需要在短时间内达到营销效果的活动，如打折、新货上市、节日促销等活动。”

“第二种设计思路：表达比较含蓄，一般来说中高价位的服装品牌采用比较多些，适合针对注重产品风格和文化消费群的品牌。或者为了提升和传播品牌形象的时候采用。”

“在实际的应用中，有时候这两种风格往往是结合在一起的，只不过侧重面不同而已。各品牌对这两种设计思路还会穿插进行运用。”

具体应用

如果把商店比喻成一本书，橱窗就是书的封面。橱窗设计体现了商店独特的品位，一个构思新颖、主题鲜明、风格独特、手法脱俗、装饰美观、色调和谐的店铺橱窗，与整个店铺建筑结构和内外环境构成的立体画面，就是一道吸引过往行人的亮丽风景。

橱窗陈列的流程

一个设计巧妙的橱窗广告，可以在短短几秒钟内吸引行人，说服消费者进店光顾，从而促进门店的销售。橱窗陈列可以根据以下流程开展：

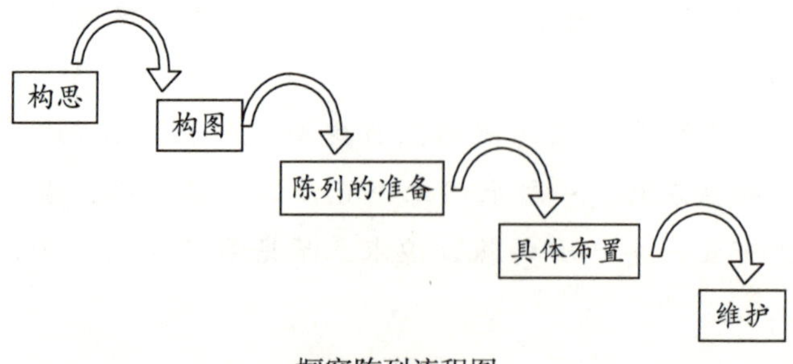

橱窗陈列流程图

● 构思

构思影响着橱窗陈列的整体效果。我们应该充分考虑与商品相联系的各个方面，既要结合广告设计原则慎重加以考虑，又要善于发挥想象，塑造一个比较好的主题。

● 构图

这一步是整个橱窗陈列设计成熟的体现，是商品组合、配置和安放艺术的表现手法，也是橱窗陈列工作的中心环节。应运用灯光、颜色及立体装饰，来衬托、突出所宣传的商品，从而产生鲜明醒目的效果。

夏天“白衣天使”裙装橱窗

我们对构图的要求是均衡和谐、层次鲜明、疏密有致，并可以形成一个统一的整体，从而给顾客以美感。

● 陈列的准备

构图确定后，布置人员根据陈列图样预先准备陈列用具，然后借取商品样本，制作好价格标签、说明牌，美术人员则根据图样做好文字图画。

常用的展示道具有：模特、背景、灯光、陪衬品、广告画、用于塑造层次感的物件（如：T型台等）、营造画面气氛的物件（如：树枝等）。

● 具体布置

准备妥当后即可将橱窗玻璃、用具及商品揩拭干净，并依照图样按次序先后摆列，再放置每件商品的价格标签说明牌，然后布置背幕或图画。

要注意突出重点，要选择有代表性的，最能吸引顾客、引起顾客购买欲望的商品做广告。要做到布局得当，色彩协调，醒目新颖，有艺术性。

● 维护

橱窗布置完成后，应指定专人负责管理，每天清扫一次，以保持橱窗内的清洁。橱窗玻璃应经常擦洗，保持干净明亮。

橱窗设计需要考虑的问题

橱窗是卖场中有机的组成部分，在构思橱窗的设计思路前必须要把橱窗放在整个卖场中去考虑。另外，橱窗是为了顾客而设计，我们必须要从顾客的角度去设计规划橱窗里的每一个细节。橱窗设计前需要考虑以下问题：

考虑的问题	说明
考虑顾客的行走视线	橱窗是静止的，但顾客却处于动态行走中。橱窗设计不仅要考虑顾客静止观赏的角度和最佳视线的高度，还要考虑橱窗由远至近的视觉效果，以及穿过橱窗前的“移步即景”的效果 为了顾客在最远的地方就可以看到橱窗的效果，不仅在橱窗的创意上要做到与众不同，主题简洁，在夜晚还要适当地加大橱窗里的灯光亮度，一般橱窗中灯光亮度要比店堂中提高50% ~100% 另外，顾客在街上的行走路线一般是靠右行的，通过门店时，一般是从商店的右侧穿过店面。因此，在设计时，不仅要考虑顾客正面站在橱窗前的展示效果，也要考虑顾客侧向通过橱窗所看到的效果
橱窗和卖场要形成一个整体	橱窗是卖场的一个部分，在布局上要和卖场的整体陈列风格相吻合，形成一个整体。特别是通透式的橱窗不仅要考虑和整个卖场的风格相协调，更要考虑和橱窗最靠近的几组货架的色彩协调性
要和卖场中的营销活动相呼应	橱窗是卖场营销活动的预告，传递卖场内的销售信息，这种信息的传递应该和店铺中的活动相呼应。如橱窗是“新品上市”的主题，店堂里陈列的主题也要以新品为主，并储备相应的新品数量，以配合销售的需要
主题要简洁鲜明，风格要突出	不仅要把橱窗放在自己的店铺中考虑，还要把橱窗放到整条街上去考虑。顾客在你的橱窗前停留也就是小小的一段时间，因此橱窗的主题一定要鲜明，即用最简洁的陈列方式告知顾客你要表达的主题。

另外，橱窗设计不需要毫无根据的冥思苦想，它的灵感主要来源于三个方面：第一，直接来源于时尚流行趋势主题；第二，来源于品牌的产品设计要素；第三，来源于品牌当季的营销方案。

橱窗策划遵循的规则

橱窗艺术所追求的是一种形式美法则，是点、线、面、体等图形的综合运用。恰当的组合、繁简有序的排列既可使视线集中，又可突出商品，而且使整个橱窗显得活泼新颖。在进行橱窗策划时应遵循以下规则：

1．突出个性，不拘一格

橱窗广告要有个性，前提是企业必须有正确的定位。定位就是企业希望在消费者中树立的形象，也是广告的诉求点，我们设计的橱窗广告并不是面对所有消费者的，而是有它明确的目标消费群体，根据目标消费群体的爱好来设计。

2．协调平衡，合理布局

橱窗广告的设计首先要达到的是物理平衡，也就是说在设计时要符合美学原理，使人的视觉感到平衡，既能突出重点，又不感到失衡，给人以整体美的感觉。

这要求门店在设计橱窗广告时，首先要选择好有代表性的样品；其次要处理好不同层次样品之间的关系，使它们之间协调，并形成统一感；同时还要注意样品与道具、样品与背景之间的关系，调动各种辅助物来烘托主题，加强对样品的关注，避免喧宾夺主，分散注意力。

门店在设计橱窗时要充分考虑目标消费者的心理特点，迎合他们的需求，使之产生愉快的心情，乐意接受橱窗广告。例如，可通过一些生活化场景使顾客感到亲切自然，进而产生共鸣。

3．简洁明快，引人注意

消费者逛街时，注意力是分散的。他会随意地浏览周围的情景，直到看到刺激性强或是自己期望已久的物品时，才会将注意力集中。所以，橱窗广告的目的是引起消费者的瞬间注意。这就要求橱窗广告在设计时应简洁明快，即选材要精练，内容要干净利落，以较少的题材突出广告的焦点，切忌杂乱无章。

4. 表现新颖，独具特色

橱窗广告贵在创新，要做到新颖，除了要有明确的主题，独特的创意，还要富于联想，用巧妙的象征，含蓄的语言或是比拟、暗示，使人产生情感上的愉悦，从而避免单调性的刺激。

此外，要注意背景和道具的配合，营造一种氛围。在这里要注意色彩和光线的作用。色彩和光线是大自然赋予人类最丰富、也是最简单的事物，它能产生特定的心理作用，引起共鸣和吸引力。

5. 适时变换，保持新意

橱窗广告是整体广告宣传的一个组成部分，要根据门店营销的诉求，不定期地进行变化。橱窗广告的变化，要考虑产品的特征、产品的生命周期、消费者的心理特征等因素，对于一些重大时机，也要把握好时机进行宣传。

橱窗布置的手法

人们逛街时，总是容易被风格独特的橱窗吸引，各个灯光各异、色彩缤纷的橱窗就如磁场一样，吸引着不同顾客在其面前驻足浏览。据统计，橱窗设计起着比店内导购员更为重要的作用。橱窗布置的常用手法大致可分为以下几种：

布置手法	说明
直接展示	道具、背景减少到最低程度，让商品自己说话。运用陈列技巧，通过对商品的折、拉、叠、挂、堆，充分展现商品自身的形态、质地、色彩、样式等
寓意与联想	寓意与联想可以运用部分象形形式，以某一环境、某一情节、某一物件、某一图形、某一人物的形态与情态，唤起消费者的种种联想，产生心灵上的某种沟通与共鸣，以表现商品的种种特性 寓意与联想也可以用抽象几何道具通过平面的、立体的、色彩的表现来实现。橱窗内的抽象形态同样加强人们对商品个性内涵的感受，不仅能创造出一种崭新的视觉空间，而且具有强烈的时代气息

（续表）

布置手法	说明
夸张与幽默	合理地夸张地将商品的特点和个性中美的因素夸大，强调事物的实质，给人以新颖奇特的心理感受。贴切的幽默，通过风趣的情节，把某种需要肯定的事物，无限延伸到漫画式的程度，充满情趣，引人发笑，耐人寻味
广告语言的运用	在橱窗设计中，恰当地运用广告语言，更能加强主题的表现。在撰写广告文字时，首先要考虑到与整个设计和表现手法保持一致性，同时既要生动，富有新意，唤起人们的兴趣，又要易于朗读，易于记忆
系列化表现	橱窗的系列化表现也是一种常见的橱窗广告形式，主要用于同一牌号、同一生产厂家的商品陈列，能引起延续和加强视觉形象的作用。它可以通过表现手法和道具形态色彩的某种一致性来达到系列效果

直接展示

橱窗布置技巧

橱窗陈列是整个卖场陈列的浓缩，是门店形象展示的主要窗口，所以需要考虑色系、风格、主题等方面的统一。橱窗陈列具有特殊的立体空间，布置橱窗时应注意以下几个要点：

布置项目	说明
商品	一般以当季畅销款、主推的商品为主，并从有利于顾客挑选的角度来确定商品的分类，目的是要便于引导顾客选择，应以简单易懂的分类标准进行陈列。以流行服饰为例，为其进行分类应考虑以下因素：性别、年纪、尺寸、款式、颜色、价格、使用目的、使用场所等

（续表）

布置项目	说明
背景	背景是橱窗广告制作的空间，对背景的要求，类似室内布置的四壁。形状上，一般要求大而完整、单纯，避免小而复杂的繁琐装饰。颜色上，尽量用明度高、纯度低的统一色调，即明快的调和色（如粉、绿、天蓝等色）。背景颜色的基本要求是突出商品，不能喧宾夺主
道具	道具包括布置商品的支架等附加物和商品本身。支架的摆放越隐蔽越好。商品名称、企业名称或简捷的广告用语，可以安排在台架上，亦可悬挂起来或直接粘贴在橱窗玻璃等突出的部位
灯光	按舞台灯光设计的方法，为橱窗配上适当的顶灯和角灯，不但能起到一定的照明作用，而且还能使橱窗原有的色彩产生戏剧性的变化，给人以新鲜感。对灯光的一般要求是光源隐蔽，色彩柔和，避免使用过于鲜艳、复杂的色光
空间	强调立体空间感和空间布置的肌理对比。例如，由于商品的摆放多集中于橱窗的中下部分，上部空间往往利用不足，此时便可以利用悬挂装饰物的办法增加空间感 另外，装饰物、背景和橱窗底面的材料也应充分讲求与广告商品的肌理对比。例如，电冰箱橱窗陈列以皮、毛类材料做背景，更能突出电器产品的表面金属质地感
动感	利用滚动、旋转、振动的道具，给静止的橱窗布置增加动感，或者利用大型彩色胶片制成灯箱，制作一种新颖的画面

运动服装动感展示

注意事项

效果显著的展示橱窗常常是采用那些廉价的、容易得到的或可再利用的材料设计而成的。因此，设计和布置出色的橱窗广告，其关键并不在于花费多少

钱，而在于设计者是否运用了聪明才智、睿智和想象力。

橱窗布置及维护注意事项

- 选择适宜高度：橱窗横度中心线最好能与顾客的视平线相等，这样可以使整个橱窗内所陈列的商品都在顾客的视野中。
- 协调整体布局：橱窗设计不能影响店面的外观造型，设计规模应与商店整体规模相适应。同时应根据橱窗面积注意色彩调和、高低疏密均匀，商品数量适宜，使顾客从远处近处、正面侧面都能看到商品全貌。
- 展示的商品保持洁净：橱窗内所展示的商品应保持整齐、洁净，相关道具、宣传牌等位置是否妥当，不要因为这些过失，使橱窗显得零乱，影响形象。
- 抓紧布置的时机：橱窗陈列必须在消费热潮到来之前完成，以起到引导消费者的作用。
- 保持橱窗卫生：橱窗的内外都应经常打扫，保持清洁，因为清洁卫生直接关系到门店的形象。同时在橱窗设计中，必须考虑防尘、防热、防淋、防晒、防风、防盗等，要采取相关的措施。
- 陈列更换及时：应根据销售、气候变化，以及库存等情况及时调整橱窗内的陈列，给消费者以新鲜感。尤其是有时间性的宣传及陈列容易变质的商品应特别注意。每个橱窗在更换或布置时，要停止对外宣传，一般必须在当天完成。

橱窗布置的评估

效果	说明
创意是否新奇独特	既能反映出门店的经营特色，创意又新奇独特、不落俗套，使受众看到后就产生兴趣，并有购买欲望
是否符合主题诉求	季节性商品应按目标市场的消费习惯陈列，相关商品要相互协调，并通过顺序、层次、形状、色彩、灯光等来表现一定的诉求主题，营造一种氛围，使整个陈列具有较高的艺术品位和欣赏价值

（续表）

效果	说明
是否符合时宜	符合时令，满足消费者不同时期、季节的特殊需求。如在各种节日临近时，配合节日需求布置种类橱窗广告是促销的一种重要手段，同时也渲染了节日喜庆欢乐的气氛
是否具有“艺术美”	带给消费者一种美的感受和传达一定的商品知识。橱窗的造型图案应适合与满足消费者的审美趋向，并具有强烈的感染性与引导性。与此同时，消费者应能从橱窗中或多或少地了解到有关商品的知识，如用途或使用效果等

3
卖场实效促销

有人说促销是市场推广所向披靡的“法宝”，也有人说促销是食之无味弃之可惜的“鸡肋”。如何促销才有效？如何促销才能投入较少的花费，吸引更多的顾客？这成了众多门店冥思苦想、难以参透的难题。

决定打仗或比武胜负的关键之一，在于是否选择到称心如意的武器。同样道理，门店进行促销也需要选择合适的促销工具，促销工具选择得当，可收到事半功倍的效果。针对零售业及门店的特点，本章重点介绍三种成本较低、操作简单、实效性强的促销工具，分别是打折促销、赠品促销及优惠券促销。

3.1 折扣促销

折扣促销是一把双刃剑，它是所有促销技巧中最直接、最有效、消费者最敏感的促销方式之一，也最易于实施执行。懂得灵活运用折扣促销这把利剑的人可以有效攻击敌人，一招中的；但不会用的人却不但不能攻击敌人，反而会伤及自身。

折扣促销由于商家采取直接让利的方式给消费者实实在在的优惠，因而颇受消费者的青睐。调查表明，折扣促销对90%以上的顾客产生强有力的刺激，以至于消费者有70%以上的购买决策都是临时作出决定的。

核心概要

一直以来，价格都是强而有力的促销武器，而折扣促销是对消费者冲击最大、最原始也最有效的武器，往往一试即灵，效果立竿见影，因为消费者永远都钟情于以尽可能低的价格买到尽可能好的商品。而且，在所有促销手段中，只有折扣促销可以在没有什么额外投入的情况下给门店带来收益。

什么是折扣促销

所谓折扣促销，是指门店以明示的方式给予消费者成交价款一定比例的减让，实际上就是门店调低商品的售价，把部分利润让给消费者，以吸引消费者的注意，刺激其购买欲，致使其产生购买的行动。

折扣促销是有效的终端竞争手段，在商品品质高度同质化，品牌形象相差无几的情况下，折扣促销是门店促进销售、争夺市场份额的撒手锏。运用好

了，既可以直接提升销量、凸显品牌效应，同时又可以打击竞争对手。但一旦运作不好时，对品牌的伤害也是显而易见的。

折扣促销的利弊分析

折扣促销的利	折扣促销的弊
1. 提高消费者的购买意愿，扩大消费人群，促使顾客购买的即时效果明显 2. 通过折扣促销，引导消费者再次购买，留住自己的消费群体 3. 短期内减少库存、加速资金回笼，达成营销目标 4. 是打击竞争对手最简单、最有效的手段 5. 折扣促销容易操作控制，无需额外投入，在正常预算范围内进行促销活动，容易达到预期效果，而且成本估算方便	1. 可能会导致竞争对手调整价格，从而陷入价格战 2. 经常性折扣容易使消费者产生依赖性，养成平时不购买，非等到价格促销活动时才购买的习惯 3. 大幅折扣会使消费对商品的定价和质量产生怀疑，对品牌形象造成伤害 4. 不利于培养消费者的品牌忠诚度，一旦促销结束，消费者就可能转向价格较低的同类品牌 5. 虽然能够暂时使销售回升，但无法改变整个趋势，不能解决门店营销的根本问题

折扣促销的方式

折扣促销对提高消费者在门店的注意度与促进门店的销售方面极为有效，常见的折扣促销方式有以下几种：

● 直接折扣

直接折扣是指在购买过程中或购买后给予消费者的现金折扣，具体又可以分为以下四种方式：

直接折扣方式	说明
现场折扣	根据不同的时段，规定优惠的折扣度。如全场 7 折优惠、部分商品 4 折起等。折扣一般要和促销主题配合，使消费者明确这是阶段性促销，如国庆大优惠，凡 10 月 1 ~7 日购买都可享受 6 折等
减价优惠	即原价多少，现价多少。减价优惠一般需要 POP 的强力配合，如“原价 100 元，现价 50 元，为您节省 50%”，再在原价格上打上醒目的叉，以此来吸引消费者

（续表）

直接折扣方式	说明
现金回馈	为鼓励消费者大量购买，规定只要购买商品达到规定数量，或是一整套系列商品，就可以凭购买凭证现场获得一定金额的现金回馈。如购买一台 37 寸等离子彩电就可以现场获得 1000 元的现金回馈
统一价	采用取长补短的方式，定出一个比所有商品零售价格都要低的价格，进行统一销售。如全场牛仔衣无论 200 元一件还是 150 元一件的，全部只售 100 元。在价格上不给消费者以任何选择余地，但在款式档次上充分给予顾客选择的空间

● 变相折扣

变相折扣是指不以现金的方式回馈给消费者，而是以各种变相折扣的手段来吸引消费者，例如采用买赠、捆绑销售，加量不加价、回购等变通的方式让利给消费者。这种方式具有更大的操作空间，而且门店的成本相对更低。具体分为以下三种方式：

变相折扣方式	说明
多件数购买赠送活动	例如买二赠一、买三赠二、买大赠小等，实质是变相为消费者打折，吸引消费者批量购买。一般接受度高、需求量大的商品运用这种方式效果最好
组合销售	即把两件或多件同一商品或不同商品组合在一起让消费者一次性购买，消费者支付的总价值要比单件购买之和优惠得多，以此来吸引顾客成套购买
加量不加价	指商品原销售价格不变，但商品的重（数）量比原先有所增加，消费者用同样的价钱，可以买到更多量的商品。这种技巧主要适用于商品的重（数）量较易被消费者辨别，且较为熟悉其平常售价的商品，如各种定量包装的洗涤用品、食品等

折扣促销的适用时机

折扣促销对提高消费者在门店的注意度与促进门店的销售方面极为有效，大多数门店通常会以折扣促销的方式来挽留消费者或者攻击竞争者。折扣促销适用于以下时机：

- 用于门店周年纪念活动，回馈顾客。
- 新货上市时，为唤起顾客的需要，增加后续的销售量，折扣促销不失为一个好办法。
- 用于处理破损、污损、过时、滞销等商品，加速资金回收时。
- 当竞争品牌的营销活动已对本品牌的地位形成威胁，或是有可能会对本品牌的销售造成影响时。

实操案例

五一假期过去了，高枫的A鞋店与毗邻的B鞋店都采用打折销售，但取得的效果却大不相同：高枫的A鞋店门可罗雀，毗邻的B鞋店却赚得盘满钵满。高枫专门与几位骨干员工开会探讨这次促销活动失败的原因。

高枫："五一节前的一周我们就在《广州日报》和《南方都市报》分别做了两次半版广告，又在店门前挂出了大幅标语'五一回报消费者，全场精品全部八折'，店门前还请了四个戴着促销彩带的促销小姐邀请顾客进店，但是为什么来来往往逛街的行人，仍然还是很少有人进店，掏钱买的就更加少了？"

员工A："应该说我们的准备工夫已经做足了，为什么消费者还是不买账呢？"

员工B："既然B鞋店的促销效果那么好，我们可以先从他们身上分析他们成功的原因，对比之下就会找出我们失败的原因了。"

员工C："B鞋店其实跟我们一样，除了过季商品全场也是八折，但他们在店门前厅两侧设了两节打折商品的专柜，并悬挂了20多面吊旗广告，告知顾客打折的商品仅限于两侧柜台上的棉皮鞋和单皮鞋，打折原因是'如今已到春夏之交，本店为回笼资金，已过季的皮鞋、棉皮鞋5折出售。'促销的理由简单且可信，怪不得消费者响应积极。"

员工A："听说B鞋店不但打折柜台上的过季鞋销售一空，而且带动店内其他柜台上的应季皮鞋也销量大增。他们的店员说有3个晚上都要加班调货，销售量比原来的计划增长了40%。"

高枫："同样的地段，同样的商品，同样的折扣，我们鞋店失败的主要原因只有一个，那就是我们没有一个充分的理由说明为啥全场'精品'都打八折。没有理由的打折，难以让消费者信服，这一次促销的教训真够深刻的……"

具体应用

折扣促销几乎在各行各业都普遍使用，这种看似简单的促销手段，想要在操作中收到预期的效果，却大有学问。

折扣促销的应用要点

门店在实施打折促销时，不仅需要明确每次折扣促销的行动目标，精心选择最佳时机和确定具体方式，而且需要严格遵守法规法纪，并在事前认真做好效果预测，事后做好效果评估和经验总结，为今后类似活动提供宝贵的借鉴经验。

以下是折扣促销的应用要点：

应用要点	说明
1. 给消费者一个信服的促销理由	没有理由的打折，难免会引起消费者的怀疑，难以收到折扣促销预期的效果。而一个简单、可信的促销理由，容易得到消费者的热烈响应。例如，开业、节假日促销、周年店庆、转季、库存出清等。另外促销必须有限期，这样才不至于对品牌造成过大的冲击
2. 折扣的幅度要适当	折扣率过低，引不起消费者的购买欲望，而过高的折扣率又往往让消费者把打折商品与伪劣商品挂起钩来。正常的打折，其折扣率在原价的20%～30%之间较为适宜。如果品牌知名度低、市场占有率较小的商品，其折扣幅度需要大一点才能吸引消费者

（续表）

应用要点	说明
3. 促销时间的把握	促销活动如果运作得正常的话，销量一般比平时增长20%以上，初期效果比后期效果要好，活动时间跨度一般4～6周为宜，最长不超过2个月，否则消费者习惯了折扣后的价格，再把价格恢复到原有水平，就比较难接受了
4. 折扣标示要简单明了	折扣标示要简单明了并要用消费者喜欢的语句来表达，如“现在购买只要500元”就不如“现在购买能省100元”的吸引力度大
5. 要保证打折商品的质量及售后服务	对商品负责任的打折以及提供优质的售后服务，是门店义不容辞的责任，也只有这样做门店才能真正赢得消费者的信赖
6. 要考虑和注意竞争对手的反应	在实施折扣促销之前，必须充分考虑同行对手可能出现的反应，并对双方的实力作出准确的判断。打折措施一旦引起众多竞争对手的不满，必然会发生价格大战，甚至遭受其他对手的合法甚至非法的反击，对这些后果事前要做好充分准备

折扣促销的技巧

门店要恰当地运用折扣促销，必须根据不同的商品、时间、消费习惯、消费心理等因素采取不同的打折技巧。

1. 数量折扣

一般情况下，是否给予价格折扣，给予的幅度有多大，应视顾客的购买数量而定。顾客购买的数量越多，给予的价格折扣幅度就越大。例如：“买1件9折、买2件8折、买3件7折。”

2. 季节折扣

根据顾客购买行为发生的时间来确定是否给予和给予多少折扣。如顾客由于较早购买了或是在规定时间购买了某种商品，就可得到这种折扣。另外，例如服装、鞋帽等很多商品的销售量都存在着季节性变化，根据所谓销售的“旺季”和“淡季”之分来给予相应的折扣。

3. **限时抢购**

消费者在限定时间段内可以享受指定商品的特定折扣优惠，指定商品被抢购完毕或到了规定的时间，商品就恢复原价。这种方式应选择流行、应季、大众化、单价适中的商品，在节假日、周末的黄金消费时段，抢购时间最好控制在半个小时之内。

4. **以旧换新**

这是让顾客用旧商品折价换取新的同类商品的一种方法。如：一块手表标价为800元，顾客以旧手表折价200元购买，只需付给600元即可。

这种方法适用于中高档商品，它一方面方便顾客处理旧商品，使得顾客觉得旧物得到了额外的价值；另一方面又吸引了顾客新的购买力，与此同时还相应增加了企业的销售额，可谓一箭三雕。

5. **特价商品**

即将少量产品的价格定得非常低，但绝大多数产品价格仍保持不变（有的甚至调高），其目的在于以少量“特价商品”为“诱饵”，吸引消费者光临和试用，同时也寄望于消费者在购买“特价商品”的同时，会购买一些其他正常价格的产品，以赚取正常的利润。

6. **累计折扣**

将消费在一段时间内的购物金额累计，当额度达到一定程度时，赠送相应的货币和实物。如：“集齐若干包装袋赠送8.8折购物卡”等。这种方法适用各种商品，购买额（量）不受任何限制，多买多送，若送的额度合适，将能吸引越来越多的消费者参与。

7. **拍卖一口价**

将某些商品计算出可出售的最低价，然后以拍卖的形式让顾客自行加价，哪怕只是增加一分钱也行。这种方法主要用于处理过季、过了流行期的产品，此方法可以帮助门店减少库存，回笼资金；同时也让消费者花较少的钱买到比较实惠的商品。

实用有效的折扣促销创意

折扣促销是一种非常有效的营销手段，操作简单，立竿见影，运用妥当效果一流。以下是一些比较有创意的打折策略：

打折策略	说明
1. 星期折	星期一4折、星期二5折、星期三6折、星期四7折、星期五8折、星期六9折、星期日不折。因为周一至周五是正常工作时间，一般人都是周末购物，这种打折方式可以改变部分人的购物习惯，增加门店在非假日的销售额
2. 时间折	从下午6:00开始。6:00～6:59 6折，7:00～7:59 7折，8:00～8:59 8折，9:00～9:59 9折。这种促销手段将会改变一些人的消费观念，可以预见6:00过后的门店将会即刻爆满
3. 倒计时折	活动时间15天：第一、第二天8折，第三、第四天7折，第四、第五天6折，第六、第七天5折，第八、第九天4折，第十、第十一天3折，第十二、第十三天2折，第十四、第十五天1折
4. 节日折	三八节：3.8折；五一节：5.1折；六一节：6.1折；七一节：7.1折；八一节：8.1折；中秋节：8.5折，等等

以上的这些策略，单独使用或组合运用都将会收到奇效。其实，打折就是一个巧妙的数字管理，这里仅仅提供一些启示。

注意事项

门店要有效地应用折扣促销这一利器，在具体的操作中应该注意哪些问题呢？

1. 建立专门的协调小组

要保障一个折扣促销活动的顺利实施，就要建立一个健全而强有力的协调小组，负责完成促销前期的市场调研工作，拟定合适的主题，制订具体的活动方案，对有关人员进行培训，同时要保障促销商品及相关活动资源在促销期间能得以充分供应。在活动期间，该小组还要对活动进行监控、考核与评估，解决突发问题并进行有关信息的汇总反馈等。

2. 要明确折扣促销活动的目的

折扣促销的目的可以是提高门店知名度、增加销售，处理库存商品，回报忠诚顾客、吸引新的消费者，或者应对竞争对手的促销活动等。总之，对于门店而言，应尽量避免将价格促销作为一种竞争手段，否则将会陷入价格战的怪圈。

3．要有吸引消费者兴趣的主题

使用折扣促销这一手段，一定要经过深思熟虑。在什么时候使用，一年使用多少次，都不能随心所欲。一个能够引起消费者兴趣的促销主题，可以让消费者明明白白地消费，增加对门店的信赖度。

4．遵守相关法律法规

门店不能为制造轰动效应，而盲目运用折扣促销这一手段。一定要考虑是否遵守相关法律法规，并在举办促销活动中采取相应的安全措施，保障消费者及门店的安全。

5．折扣促销的诚信问题

大部分门店在折扣促销活动中确实让消费者得到了一些实惠，但是有些商家却在价格上弄虚作假，愚弄消费者。在目前供大于求的市场经济中，谁愚弄消费者，谁最终将会遭到市场残酷的报复。

3.2 赠品促销

"天上掉馅饼"几乎是每个人梦寐以求的事情，正是为了满足消费者的这种心理需求，赠品促销方式应运而生。商业心理学表明，消费者在购物时心理的满足程度，赠送物品要比降价有更大的吸引力。因为获得赠品的购物者，会有意外收获的感觉。

核心概要

赠品促销是零售门店使用最普遍、最常规而且最有效的市场促销手段之一，也是争取消费者购买商品，提升门店业绩的法宝，同时它也是品牌提速的动力所在。此策略如运用得当，很有可能吸引消费者舍弃竞争品牌，因而换取长远的销售业绩。

什么是赠品促销

赠品促销是指顾客购买商品时，以免费赠送或以极低的价格获得一份同类的商品或其他礼品的形式向顾客提供优惠，吸引其参与该品牌或该商品的购买。例如门店采用只要顾客消费，就可获得指定的赠品或几种赠品任选一种的促销方式。

赠品能直接带给顾客两种实惠：

1. 物质实惠——把商品作为礼物赠送给顾客，以一种实物的方式给顾客非价格上的优惠，一定面值的货币能换取更多的商品，顾客自然乐意。

2. 精神实惠——顾客购买后产生愉快的心理反应，这种实惠加深了顾客对该商品的印象，有利于提升商品的竞争力，灵活运用此法将能产生良好的效果。

赠品促销的优点

赠品促销是最常用的价值促销方式，这种方式虽然没有价格促销这样直接，但它以一种看得见而又实实在在的方式冲击着消费者，同时可以增强品牌观念，让消费者购买产品并长时间使用。

优势	说明
产生立即性的消费刺激	赠品可以带给消费者直接获得利益的感觉，所以能让消费者产生立即消费的行为
短期内提高销售量	通过直接的利益刺激达到短期内的销售增加，赠品促销能为顾客带来意外的惊喜，可以迅速提升产品的销售业绩和市场占有率
负面影响小	赠品促销属于一种间接的让利促销，相对于直接的降价，它同样能达到降价促销的促销效果，但负面影响小得多
培养忠诚顾客	消费因有赠品赠送而提升了附加值，顾客会因为赠品感觉满意而产生信心，自然会再度消费，从而成为门店的忠实老顾客
提升品牌和门店的知名度	赠品的设计要与品牌和门店的特性相符，恰当的赠品能让消费者记住门店的名称，从而提升品牌和门店的知名度

赠品促销的形式

赠品一般以消费者为对象，以免费为诱因，来缩短或拉近品牌与消费者之间的距离。赠品的形式多种多样，常用的形式有捆绑赠品、包装外赠品及酬谢包装。

优势	说明
捆绑赠品	可以选择新产品，也可以选择具有吸引力的其他产品，这种形式很受消费者的欢迎
包装外赠品	是人员现场促销时采用的一种形式，能营造良好的现场销售氛围，并通过主动与消费者沟通来传播促销信息，促进销售。如春节前门店根据顾客当天的购物金额分送不同等级的礼品，如贺卡、春联、利是等
酬谢包装	又称特惠包装，是以标准包装原价格供给较标准包装更大的包装，或以标准包装另外附加商品来酬谢购买者。主要是吸引现有消费者继续或增加购买

实施赠品促销的关键

赠品促销是通过赠品的魅力去吸引顾客购买促销商品。因此，选择什么样的赠品，如何使赠品的成本尽可能低、吸引力尽可能大，是赠品促销实施成败的关键。

在选择合适的赠品时，必须考虑以下几个方面：

- 消费者易于了解并易于得到的。
- 对消费者具有吸引力的。
- 尽可能挑有品牌的赠品。
- 尽可能选择与商品有关联的赠品。
- 与促销活动的主题紧密结合。
- 注意赠品的季节性。

赠品促销的时机

- 促使消费者从竞争品牌改用自家的品牌时。
- 为了保持商品使用频率稳定时。
- 促使消费者考虑用新产品、接受新品牌时。
- 为了开辟新市场时。
- 为了测试广告活动效果时。

实操案例

罗小姐是微微美容院的常客，只要有空每周都要去光顾。为什么她如此忠诚？她讲述了自己的经历。

罗小姐："有一次，一个朋友拉我到微微做美容，做完后店主热情地递过一个别致的袋子，我无意间往袋子里一看，像哥伦布发现了新大陆：'咦，这是什么？'一探手，一个富有民族特色的小包呈现在眼前，令我赞不绝口。"

店主走上前，亲切地说："这个小包是我们店自制的，送给您希望您能用得着。"

罗小姐连连道谢，岂料好戏还在后头呢，她打开小包一看，里面有一小瓶香水，一张"微微"信誉卡，她十分惊喜。

店主解释说："我们每次都会赠送一些小礼物给顾客，虽然赠品不值几个钱，但凝聚了我们的心意，您可以自用，也可以送给朋友。"

罗小姐说："店主在赠送过程中表现出来的为顾客服务的心意和情谊，带给顾客的已经远远超过了交易本身的内涵，开启了市场的大门和顾客的心扉，所以她和其他顾客都愿意到这里做美容，并乐此不疲地将之介绍给亲朋好友。"

如今，罗小姐养成了收集商店赠品的习惯，她尤其喜欢到知名的品牌或是新开张的专卖店、专柜购物，因为这样经常可以收到既精美又实用的赠品。她认为赠品促销比"打折"更让人觉得满足，因为"打折"总让人怀疑商品的质量以及价格的水分。而赠品虽小，却反映了商家舍得花钱为未来的发展进行投资、用心取悦顾客的心意。

罗小姐还说道："我更喜欢那些限量或者有限制条件的赠品，例如只针对某一部分顾客赠送的赠品，那将拥有超强的诱惑力和感召力，例如生于某日的、姓名和品牌名称有重字的等等，更能够增加人们珍惜的心理。"

具体应用

赠品促销虽然是常用的促销手段，但要取得良好的效果却不容易，重点在于细节执行和根据市场变化及时进行相应的调整和创新，于细微之处方显出操作市场的真工夫。

促销赠品的操作流程

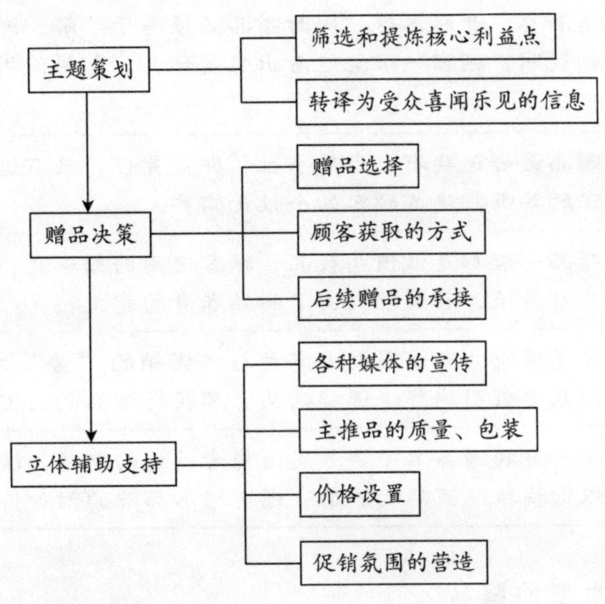

促销赠品的设计重点

赠品的设计是整个赠品促销成败的关键。如何才能使赠品的成本尽可能低、吸引力尽可能大呢？赠品的设计要注意以下几个环节：

设计重点	说明
有吸引力，有价值感	一般来说，越是不常见的赠品越具有较强的吸引力，因此，需选择那些新、奇、特的东西作为赠品。同时，赠品要有价值感，利用赠品的价值效应，吸引客户前来消费
物美价廉	开发赠品要兼顾成本和品质，赠品成本太高，企业难以承受，但是赠品一定要有品位，制作要精美，而且经久耐用，否则顾客看到赠品档次低，会认为产品也档次低

（续表）

设计重点	说明
选择多样化	不同年龄、收入、地域和文化水平的顾客喜好都不相同，单一的赠品不可能让每个人都喜欢，因此开发赠品时尽量多一些品种，以方便顾客选择，同时较多的赠品，也便于设计促销方案
推陈出新	赠品切忌一成不变，要经常推陈出新，否则就不能引起顾客的兴趣
简单方便	赠品尽量是简单、易用、易携带的相关产品。比如酒产品可赠送酒杯、开瓶器等，同时赠品必须易于了解，即不需要加以详细说明，顾客一眼就能看出它是什么，怎样使用，有多大实用价值
个性化	赠品最好还要有自己的个性，即差异性。只有这样才能引起顾客的共鸣，满足顾客的个性化需要
使用频率高	赠品一般都是低值易耗品，顾客使用的频率高，对顾客来说才具有价值，否则就失去了赠品本身的意义
让消费者容易获得	容易获得才可以激发大家参与，促销的“势”才容易造出来。门店要吸引消费者连续购买，那获得赠品的门槛一定要低
给赠品一个好听的名字	一个好的赠品名字会激发消费者美好的联想，这种联想不但可以加快推动商品的流通，还会增加品牌的附加价值

选择什么类型的赠品

赠品可以是各种不同的东西，可以是销售的商品样品，也可以是一种标准或特殊的商品；可以是一件具有纪念意义的礼物，也可以是一种极具实用价值的生活用品；可以是自己的品牌，也可以是其他品牌。也就是说，只要符合门店促销目标的东西，都可以纳入赠品的选择范围。

但是，门店一定要纠正“赠品是我白送给你的，送什么由我随便定”的错误认识。要从市场营销的角度去认识赠品，选择到既能刺激消费者迅速购买，又能在一定程度上起到宣传产品信息、企业形象传播作用的赠品。一般可以从以下几个角度去选择赠品：

- 与商品相关联类：如买西服送领带、买手机送耳机、买计算机送键盘、买机票送平安保险等。
- 使用消耗类：如买香水送防晒油、买洗衣机送洗洁精；买手机送可乐等。
- 使用但不消耗类：如买化妆品送指甲钳、买燃气灶送刀具、买电热水壶送茶具等。
- 传播类：如买家具送挂历、买数码相机送背包、买保险送雨伞（所有赠品上印有企业名称或商标）。
- 虚拟类：如买某品牌计算机送一张服务金卡（保修期延长2年）、买电话机送IP电话卡等。

如何利用赠品宣传商品及品牌

要点	说明
让赠品发挥媒体的传播作用	在不引起顾客反感的基础上，门店应该把品牌的名称、LOGO、广告语等印制在赠品上，让赠品发挥媒体的传播作用，让消费者每次使用赠品时，都想到你的店铺
赠品应突出产品的卖点和定位	赠品要与产品的特性和定位相吻合，以便突出产品的功能和卖点，达到促销和宣传的双重目的
赠品与商品要有相关性	赠品若与产品的特性或使用有相关性，或者产品属于同一类用品，这样促销的诱因更大，并方便顾客使用产品。如购买奶粉送奶瓶
发挥赠品对商品的衬托、宣传作用	商品是主角，赠品是配角，赠品永远是为衬托、宣传商品而设计的。赠品对商品的衬托、宣传作用，主要体现在它们的搭配上 ①价格搭配。赠品的价格要比商品低，要拉开距离。如购买手机送旅行充电器 ②外形体积的搭配。赠品在体积上应小于商品，一般赠品体积不宜超过商品的2/3

赠品如何获得目标顾客的喜爱

要点	说明
针对目标顾客的需求	开发赠品时一定要仔细研究目标顾客的需求是什么，例如保健仪器的目标顾客是中老年人，他们喜欢的赠品是实用性要强，因此雨伞、茶杯等日常用品就很受他们的喜欢
选择零售利润较高的商品作赠品	顾客看一个赠品的价值高低，往往是以它的零售价来衡量的。有的商品零售价虽高，但进货价却较低，批零差价大。在选择赠品时，应该选用这样的商品，如服装、化妆品、小家电产品、玩具等等
赠品系列化	赠品的开发最好能做到系列化，迷人的、成套的赠品可有效增加顾客的重复购买。例如麦当劳的SNOOPY娃娃就有很多款，而且都赋予了不同的年龄、性格、喜好等人性化的东西，小朋友为了集齐它们，就必须经常光顾麦当劳餐厅
营造赠品稀缺氛围	为赠品促销设计一系列的活动，可以通过现场抽奖或表演性的节目吸引消费者参与，亦可以通过现场宣传告知赠品的价值感和稀缺性，营造现场的热烈氛围

常用的赠品促销方式——即买即赠

即买即赠是指消费者在零售店购物，购买的同时就可以获得相应的促销赠品，购买与赠送几乎是一体的。这是利用消费者贪小便宜的心理，通过赠品刺激顾客购买的直接有效的方法，而现场赠送方式又颇受消费者的欢迎。

例如购买微波炉送微波专用餐具，购买皮鞋送鞋油，消费者在购买的同时，赠品即可当场兑现。这种方式给消费者直接的购买刺激，利用比较直观的赠品促使他们购买，同时不用降低零售价，可谓效果极佳的促销方式。如果企业大批量采购赠品，成本会进一步降低，更有利于促进销售。

● 即买即赠的实施方式

门店要保证把赠品送到目标消费者手中，这样的赠品派发才是有效的。目前即买即赠的常用方式有以下几种：

➢ 店内附赠。在店内设立专柜或单独展示台，顾客购买商品后，由促销员将准备好的赠品派发给顾客。

➢ 随商品赠送。将赠品放在促销商品的包装里面，或者将赠品附在促销商品的外包装上，这要求赠品容易和商品摆放在一起。比如电饭煲内放入木勺赠品。

● 即买即赠的操作要领

➢ 赠品的价值对消费者有没有足够的吸引力，一般赠品的成本应该控制在2%～4%为宜。

➢ 赠品的种类应尽量选择时下流行的品质优良的赠品。

➢ 选择与品牌内在关联度较大的赠品，如果是选择同一品牌的赠品，一定要印有公司商标；如果是选择其他品牌的商品作赠品，一般要选择比较知名的品牌为宜。

➢ 对赠品进行严格管理，既要防止店员把赠品当商品出售，又要防止促销人员乱发放赠品而出现短缺现象，影响商品的正常销售。

➢ 避免赠品缺货，以免引起顾客抱怨，如果是限量赠送，必须在POP上注明限量的数量，送完为止，或以等值赠品替代。

➢ 在即买即赠中，如果配合优惠券一起赠送，效果会更好。

有效增加赠品附加值的操作方法

人们对于没有经过努力就得到的东西往往不会珍惜，赠品太容易获得，顾客会认为天下没有免费的午餐，要么是赠品质量有问题，要么是滞销品，要么是羊毛出在羊身上，不仅不感动还心生一堆猜忌。那么门店可以采取什么策略来增加赠品的附加值呢？

● 加费换购

当顾客购买商品后还不能马上获得赠品，还需要再补交一定数额的现金后才能获得，这种方法称为加费赠送。但值得注意的是，附加的条件不能太高，否则促销的吸引力将大打折扣。例如顾客买一件大衣，只要顾客再加 20 元就可以获得一条高档羊毛围巾。

加费赠送的优势在于：

- 对付出一定成本后获得的赠品，顾客会倍加珍惜。
- 当附加条件不算高，赠品的价格大于顾客所付出的成本时，顾客会感到物超所值。
- 这种方式会消除部分顾客对有赠品产品质量等方面的怀疑。
- 这种方式可以提高导购员、卖场工作人员占有赠品的成本，进而阻止导购员、卖场工作人员随意占有赠品事件的发生。
- 门店可以收回部分促销的成本。

● 有条件赠送

门店可以设定其他条件进行赠送，如在兑换赠品前，顾客先要接受相关的市场调查，或者留下其个人资料等。例如，门店可以要求顾客填写市场调查问卷，然后有机会抽大奖，赢数码奖品。这些操作都有利于门店以后开展市场营销活动。

● 积分赠送

为了更好地稳固老顾客，门店可以采用积分的方式赠送赠品，以精美的赠品来促动终端主推自己的产品。这种赠品费用一般高一些，但所达到的目标十分明确，会给人留下很深的印象。

例如，顾客到门店购物满 100 元即积 1 分，积够 10 分即可获得一份价值较高的赠品。

注意事项

门店为了促销商品、树立企业形象等，往往会推出各种各样的赠品。赠品促销一方面可以在一定程度上促进商品销售、树立企业形象等，但另一方面制作和购买赠品需要付出成本，如果运作不好，不但收不到效果，还会使门店的利润受到不必要的损失。

如何用好赠品

1. **在预算内制作和购买赠品**

门店每年和每月对于赠品所需要花费的费用提前做出预算，在预算的范围内制作和购买赠品，可以做到防止赠品的无计划制作和购买超过企业可以承受的界限。例如，门店在某年度赠品的预算是10万元，可以把总体预算分解到12个月。

2. **制作和购买赠品要考虑和结合市场需求**

为了将有效的资源用到刀刃上，门店相关部门应在制作和购买赠品前进行相应的市场调研，在确定市场需要什么赠品后再进行制作和购买。

3. **要考虑竞争对手的情况**

门店应避免竞争对手在同一区域市场使用过的赠品，否则赠品的价值和效果就会大打折扣。

4. **赠品制作和采购不要搞一刀切**

由于消费者的需求是多样性的，门店负责制作和采购赠品的部门在进行赠品的制作和采购时，要征求不同区域和部门的意见，尽可能使赠品能够结合各区域和市场的需求进行多样化的制作和采购。

赠品的跟踪管理

对赠品进行跟踪管理，需要注意以下几个方面：

- 及时。即赠品发下去后要及时打电话询问接收部门或接收人是否收到，赠品是否完好等等。
- 落实相关责任人。即赠品要专人专管，专人签字接收和发出，要做完整的记录。
- 把握两个口。一个口是赠品发放口，应定期要求导购员或负责人上交赠品发送报表，及时掌握赠品的数量和销售的数量。另一个口是赠品接受口，赠品赠出应该有记录，无论是赠给谁，通过电话采访，抽查，就可以得到一定的证实。

3.3　优惠券促销

优惠券就像门店给消费者抛出的红绣球，消费者要得到“好处”就必须不断地进行消费，从而也使商家获得可观的销售收入。值得注意的是，不但这“绣球”要制作精美，更重要的是门店的促销活动要有内涵，才能激发消费者的购物兴趣。

核心概要

优惠券是最古老、最广泛使用，也是最有力的促销工具之一。优惠券一般被看成是减价的替代品，消费者可以免费获得，凭优惠券购买商品可以享受一定的优惠。

什么是优惠券促销

优惠券促销，是指以优惠券为购物凭证，消费者在下次购物消费时可以享受一定的折扣优惠政策的促销方式。

优惠券一般需要通过各种媒介送达消费者手中，其优惠内容如果能够引起消费兴趣，消费者则会收集保留，在下次购买商品时享受一定的优惠。这里所指的优惠可以是直接享受价格的减免，也可以是门店事先规定的某种折扣。

优惠券是折价促销的一种表现形式，只是多了一种价格减免的介质，目的是可以相对避开直接折价促销产生的不良影响。对于消费者而言，这也是在价格上满足了他们的利益需求。

优惠券的类型

分类标准	类型	说明
发行量	限量发行优惠券	门店发行一定数量的优惠券，通过控制其发行量来控制营销成本
	无限量发行优惠券	门店利用发行优惠券的方式来取代直接降价时，可发行数量庞大的优惠券
优惠方式的标示	标示金额优惠券	标示消费者所能享受的优惠金额，例如原价1000元的商品，预计让顾客付出800元购买，则标示优惠200元。此方式适用于高单价的商品
	标示百分比优惠券	标示消费者所能享受的百分比优惠，例如原价1000元的商品，预计让顾客付出800元购买，则标示顾客可享受20%的折扣。此方式适用于低单价的商品

优惠券促销的优势

使用优惠券促销的主要目的是使消费者进一步增强对产品的关注，从而刺激消费者产生强烈的购买欲望，扩大产品的销量。它具有以下优势：

优势	说明
开拓新顾客	刺激非目标消费群体对商品进行尝试使用，扭转消费偏好，较快地显示促销效果
提高现有顾客的购买量及购买频率	优惠券通常是对现有顾客进行优惠，通过多次的、分阶段的使用优惠券促销，提高顾客的购买量及购买频率，使其习惯使用本产品，培养忠诚顾客
留住老顾客	刺激忠诚的消费者对商品进行持续、稳定的重复购买
有利于改进商品	门店可以通过收回优惠券的机会，要求消费填写相应的市场调研信息，了解商品和品牌在消费者心目中的地位和商品改进的方向

优惠券促销的局限

局限	说明
活动效果难以预测	部分优惠券有可能很长时间后才来兑换，因此影响整体促销计划的实施，活动效果难以预测

（续表）

局限	说明
对新品牌或者品牌知名度不高的商品促销效果不明显	面对一个陌生品牌或者不了解的商品，无论优惠券上的折扣多么诱人，他们也会因为预防心理或无从判断心理而放弃使用优惠券去购买一个不了解的商品
兑换率难以把握	不同的市场、不同的时间、不同的优惠券发送方式，不同的优惠券创意表现，都会影响消费者的参与程度，都会影响兑换率
不成功的优惠券设计会损伤品牌形象	优惠券的本质还是价格折让，这种促销方法会在一定程度上损伤品牌的形象。门店必须精心设计和制作优惠券的表现方式和文案内容，最大限度地传递产品或品牌的美誉度和信誉度，提高优惠券的兑换率

优惠券的赠送方式

优惠券在实际运作与策划过程中，一般采用如下方式实现价值：

赠送方式	说明
卖场赠送	这种方式在当前终端市场销售特别流行，尤其是那些即买即送优惠券更能促进商品的销售和人流量的集中
现场促销发放	在现场促销活动中，商家通过对消费者利益的承诺，发放各种形式的优惠券，让参与的人群到指定地点进行兑现，通过取小礼品、购物折价等方式为活动增添气势和为销售区聚拢人气
包装内或包装外附送优惠券	这种优惠券发放的优点是成本比较低，受众目标群体明确，利于消费者产生对商品的偏爱，增加对品牌和商品的忠诚度
随报赠送	这种发送方式是通过随报纸附送，把优惠券有效、轻松地派送到目标消费者的手中，产生效力，避免派送的盲目和无效
直接邮寄	门店根据目标消费者的特点，直接通过各种方式渠道将优惠券邮寄给他们
杂志派送	门店可以根据各杂志的特色进行划分，再根据产品和杂志的相关性进行优惠券的发放，以此增加产品的使用群体

优惠券促销适用时机

优惠券促销主要适用于以下几种情况：

- 促使消费者增加消费的频率或单位消费的金额时。
- 当竞争非常激烈，欲取得竞争优势，以大幅度提高商品的市场占有率时。
- 要增强消费者的品牌忠诚度时。
- 产品价格比市场上同类产品高时。
- 新产品对消费者的产品利益点不突出，没有绝对的优势时。
- 消费者对产品的价格敏感度高时。

实操案例

小白开的是地道的湘菜馆，如今在广州已经开了6家分店，拥有很稳定的顾客群。小陈近期正在筹备开一家小型的西餐厅，于是找到小白咨询相关事宜。

小陈："您的餐厅当初开张的时候是怎样做促销的？"

小白："当初为了吸引顾客进店就餐，就天天派员工在餐厅门口派发优惠券。"

小陈："这样应该很有效吧？"

小白："正是这个促销活动让餐厅陷入了两难的窘境，因为顾客形成了习惯，一定要有优惠券才进来就餐，促销活动已经停不下来了。但这样一来优惠券本身已经失去价值，顾客根本不会像对待肯德基店的优惠券一样保存，因为到现场领一张就行了。如果不停更不行，天天搞促销就不是促销了，而且效果会越来越糟糕。"

小陈："那后来如何解决的？"

小白："后来我终于明白，顾客对于太轻易得到的东西是不会珍惜的，而且因为人人都可以得到，所以那种天天派发、见人就派发的优惠券在顾客眼里是没有价值的。"

“后来我们改变了策略，顾客要得到我们的优惠券，必须先在我们餐厅就餐一次，结账后再填写相关资料成为我们的会员，我们会赠送一张可以打8.8折的会员卡给他，下次就餐时凭卡打折。如果下次就餐消费满100元，我们还会赠送一张30元的免费品菜券；如果就餐消费满80元，则赠送一张20元的免费品菜券。而这些品菜券都规定了有效期，过期就会自动作废。”

“经过这样的改革，顾客对我们的优惠券格外珍惜，有些顾客就算自己不用，也会送给朋友在有效期内过来就餐。这样一来，我们的会员卡和品菜券的使用频率都非常高，为了不浪费品菜券，顾客养成了经常到我们餐厅消费的习惯。”

小陈：“看来小小一张优惠券，却是大有‘玄机’啊！”

小白：“对，优惠券促销最重要的两点：一是优惠的幅度是否足够吸引顾客，而餐厅又能保持一定的利润；二是如何送到目标顾客的手上，而且让其觉得有价值。”

具体应用

优惠券促销是商家为了应对市场竞争，在短期内迅速吸引目标客户群、拉动店内的客流量、提高销售额的最为直接和最具消费导向性的一种促销方式。在具体应用中要注意对优惠券的设计和送达方式的选择以及整个活动的时间、空间、气候上的把握，这样才能使优惠促销活动获得成功。

优惠券的设计

优惠券的设计，通常按照纸币的大小形状来印制。优惠券传达的信息应清晰，引人注目。优惠券的设计应包括以下要点：面值或优惠折扣、使用方法、限制范围、有效期限、解释权归属、品牌LOGO、地址、电话、网址等，如果能加上一段极具销售力的文案诉求以鼓励消费者使用，效果更佳。

下面是优惠券设计的范例：

优惠券正面

优惠券正面

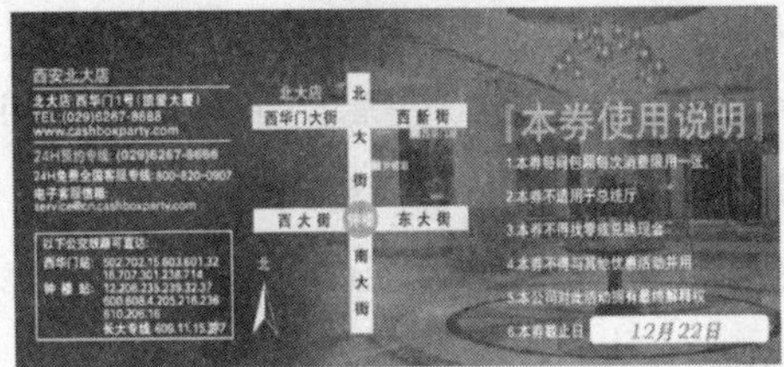

优惠券促销实施要领

实施要领	说明
优惠幅度有足够的“吸引力”	根据门店的盈利水平的不同而定，一般零售价10%～30%的优惠是理想参考指标，也能获得最好的兑换率
选择兑换率高的递送方式	选择顾客在门店第一次消费完毕之后，由店员直接赠送给顾客为最佳
充分考虑优惠券的到达率	消费者对商品的需要度，对品牌的认知度、忠诚度，优惠券的优惠条件、使用范围，竞争品牌的活动内容，促销广告的设计与表现等都会影响兑换率，应制定相应的措施
其他注意	➢ 限制每次购物仅使用一张优惠券，回收后统一销毁 ➢ 优惠券的价值不宜过高，以免不法分子伪造获利 ➢ 单一品牌的优惠券，其价值不应超过商品本身的价值 ➢ 使用方法清晰易懂，务必让店员易于处理和承兑 ➢ 限制在某一特定商店或连锁店使用

优惠券促销活动的实施方案

详细的实施方案是促销活动的行动指南，成功的促销活动必须具备详细的促销活动实施方案。以下是 W 品牌厨卫连锁店关于优惠券促销活动的实施方案，该方案基本包含了实施方案的所有基本要素，门店人员只需按照方案执行即可。

W厨卫送你清凉一夏

一、发放优惠券时间：2007年7月13日至8月19日

二、使用优惠券时间：2007年7月13日至9月19日

三、活动细则

1. 优惠券的发放

顾客在W品牌厨卫连锁店内购买热水器、烟机、灶具、消毒柜商品，付款后携带相关单据及收银小票，即可到客服中心领取优惠券。当日累计达到2500~3500元送200元优惠券；累计达到3501~4500元送350元优惠券；累计达到4501~6000元送600元优惠券；累计达到6001元以上送1000元优惠券。

2. 优惠券的使用

顾客在W品牌厨卫连锁店内凭优惠券只能购买水槽、浴霸、净水器商品。

优惠券不找零，不兑换现金，使用时收回。

本次优惠活动仅限于广州市范围。

此优惠券最终解释权归W品牌厨卫连锁有限公司。

此优惠券有效期至2007年9月19日止。

3. 注意事项

在活动期间内，顾客不能重复享受店内正在进行的其他任何形式的促销活动。

四、商品退货

1. 领取优惠券的商品退货

当顾客要办理退货时，应携带全部原领取优惠券时的小票及单据，退货后商品金额不能满足发放优惠券规定的，顾客应将原发放的相关优惠券退回，优惠券无法退回的，商店将扣除相应的优惠券金额后进行退货。

2. 使用优惠券购物的商品退货

只办理换货手续，不办理退货。

优惠券的管理

1. 在制作优惠券时应充分考虑其使用范围、优惠幅度、使用期限、使用办法以及具体设计等问题，并在推广过程中加强管理，选择好推出时机和频率，真正达到吸引客流、提升形象等促销目的。

2. 优惠的幅度应根据顾客购买数额的分布曲线或者产品利率曲线来设定，优惠折扣范围则根据促销成本、促销期的长短、促销方式而定。

3. 优惠券有效期的设定结合促销目的、顾客行为、顾客的自然到店频率等因素而定。例如，对于普通群众，优惠券的有效期一般为一至两周；如果针对白领阶层，要多留几个周末作为有效期；如果只是针对开业的，有效期会为开业后10天至一个月。

4. 在设计上要求简洁清晰，便于在短时间内传递促销信息，同时还要便于顾客携带；如果优惠券的面额较高，则需要注意防伪问题。

5. 优惠券需要加强监控，避免“假公济私”等人为漏洞。如优惠券不与其他优惠卡（如会员卡）同时享用，不可购特价商品等。

6. 对于优惠券的派发，一定要按照计划落实到位，真正渗透到目标消费群体。

7. 提前做好店员、收银人员的培训工作，因为部分顾客可能会不明白优惠券的使用规则，需要店员做好解释工作。

注意事项

优惠券促销适用于任何商品，但需要注意以下事项：

1. 发放优惠券的理由要充分，要名正言顺，否则会流于形式。

2. 对发放的优惠券要守信誉，对消费者履行承诺。

3. 优惠券的使用期限要设置合适，不能太短也不能太长，如果时间太短，则远距离消费者无法购买到商品；如果时间太长则成了降价处理产品。

4. 促销商品要选择品质优良、消费者喜爱的商品作为优惠券促销的对象，而且价格对顾客要有绝对的吸引力。

5. 做好费用预算，包括印刷费用、发行费用，以及商品的折价费用。

6. 根据门店的实际情况，优惠券的有效期、数量等应该有所限制，而且不能兑换现金。如果促销的目的是刺激消费者消费，可以将短期的截止日期印在优惠券上。

7. 优惠券促销商品货源要充足，绝对不能缺货，否则造成的顾客抱怨是非常强烈的而且有损于门店的声誉。

8. 优惠券有被伪造的可能，且可能会被过期使用，如果门店拒绝顾客使用，也会招致顾客抱怨而带来负面影响。

9. 优惠券需加盖门店印章，防止他人轻易伪造，同时要尽量避免出现误兑的情况。

4

VIP 会员营销：“头回客”变“回头客”的秘诀

近年来，“会员制”消费在我国迅速普及，尤其在零售领域，会员制营销更加普遍。无论是大型超市集团，还是稍微上规模的连锁店，甚至是各大商场、企业，都实行会员制营销。“会员制”消费已经成为消费者普遍接受的一种日常消费方式，是企业与消费者之间的制度模型中最为重要的组织形式之一。

实施会员营销是零售门店为了适应市场竞争环境，拓展顾客资源，强化顾客忠诚度，提升企业竞争优势，从而达到销售增长的营销策略，同时也是树立品牌的重要举措。

4.1　会员忠诚计划

成功的会员制是创造顾客忠诚、为顾客提供真正的价值、与顾客在个人层面互动沟通并形成真正良好关系的一种有效工具。因此，门店实施会员制并要获得成效的话，就必须首先建立“以顾客为中心”的文化，制订真正打动顾客的会员忠诚计划，并且使服务会员的各项工作得到真正的落实。

核心概要

会员制的含义

会员制是一种人与人或组织之间进行沟通的媒介，它是由某个组织发起并在该组织的管理运作下，吸引客户自愿加入，为的是定期与会员联系，为他们提供具有较高感知价值的利益包。会员制营销的目标是通过与会员建立富有感情的关系，不断激发并提高他们的忠诚度。

一般情况下，会员制组织是企业、机构及非营利组织维系其客户的结果，会员制组织的名称有“会员俱乐部”、“客户俱乐部”、“VIP 俱乐部”、“××会”等，它通过提供一系列的利益来吸引客户自愿加入，这一系列的利益称为客户忠诚计划。而加入会员制组织的客户称为会员，会员制组织与会员之间的关系通过“会员卡”来体现，会员卡是会员进行消费时享受优惠政策或特殊待遇的“身份证”。

会员制的特征

特征	说明
有资格限制	一般来说，各种各样的会员组织都有自己独特的服务内容，其服务有一定的共性，往往对会员有一定的要求和限制，同时，实施会员制的公司也能很直接地面对自己的顾客
自愿性入会	客户是否加入会员组织，完全建立在自愿的基础上，而并非外界强迫所致
契约性	会员和实施该项制度的公司之间以及会员之间的关系，是建立在一定的平等契约基础上的
目的性	会员制组织与会员之间有一定的共同目的，如社交、宣传、促销、建立人脉关系等
结构性关系	会员俱乐部成员之间以及与俱乐部组织者之间往往存在着一种相互渗透、相互支持的关系。他们之间不仅有交易关系，更有伙伴关系、心理关系、情感关系作为坚实基础，因而这种营销体制不是竞争对手可以轻易染指的结构性关系

会员制为会员带来的利益

顾客之所以加入门店成为会员，是因为门店会提供更加优质的服务和更有价值的待遇。具体来说，顾客成为会员后可以得到以下利益：

会员利益	说明
享有优先和优惠权利	对于消费者来说，加入会员制后可以享有优先消费权，以及一定的商业促销优惠和消费折扣等价格优惠，所带来的好处要远远高于会员交纳的会费，因此对消费者具有很大的吸引力
享受特殊服务	会员制俱乐部除了为会员提供价格优惠之外，通常还会为会员提供各种服务项目，以满足会员的不同需求。如零售企业提供免费送货、免费安装等服务，而服务性企业提供的特殊服务会更加多种多样
参加会员活动	通常情况下，会员俱乐部会定期举办相关活动，如联欢晚会、郊游、竞赛活动等，让会员与俱乐部、会员与会员之间相互交流感情、沟通信息，在丰富会员生活的同时，扩大会员的交际圈，增进会员之间的感情
显示会员身份和地位	会员在消费或享受服务时出示会员卡，可以获得不一般的待遇，因此会产生优越感和荣誉感，尤其是加入高级会员俱乐部，更加彰显了会员的身份和地位，而且接触高层次的人的机会更多

客户忠诚计划的类型

据德国进行的一项忠诚计划调查显示：在所有的忠诚计划中，26%是开放型的，其余74%都是限制型的，而且相当一部分的忠诚计划对会员入会作了严格的条件限制。

一般来说，客户忠诚计划可以分为两大类：开放型忠诚计划及限制型忠诚计划。

● 开放型忠诚计划

开放型忠诚计划是允许任何人加入的，通常没有正式的申请过程。因为开放型忠诚计划不需要交纳入会费或年费，在某些情况下甚至无需填写申请表（购买产品即自动成为会员），因此，开放型忠诚计划可以吸引大量的会员，可以建立起一个更广泛的会员基础。

开放型忠诚计划可以吸引潜在客户和使用其他品牌的客户的注意，让他们有更多的机会接触企业的产品和品牌，同时也使企业有机会与他们进行对话交流。但因为开放型忠诚计划的会员资格太容易获得，会降低会员资格的价值感。

开放型忠诚计划具有以下优点：

- 可以接触到更多的客户。
- 数据库更完善齐全。
- 可以更容易接触到潜在的客户和竞争者的客户。
- 在对数据进行分析后，可对客户群进行进一步细分，并确定细分客户群的沟通方法。
- 会员人数众多有利于忠诚计划达到临界状态，使忠诚计划达到规模效益。

● 限制型忠诚计划

限制型忠诚计划是对会员资格有所限制，不是任何人都能加入的。客户只有经过正式程序，例如办理了填写申请表、交纳入会费等相关手续，才能获得会员资格。在某些情况下，客户必须符合一些条件才能成为会员，例如，购买一定数量的产品、一定的年龄要求等。

对会员资格的取得设定了详细的限制条件，属于典型的限制型忠诚计划。企业通过设定一些入会的条件，达到有效过滤那些不符合要求的客户，从而保证加入忠诚计划的会员都属于主要的目标客户群。

限制型忠诚计划的优点及适用企业：

限制型忠诚计划的优点	限制型忠诚计划适用企业
1. 入会费收入能帮助企业收回成本 2. 入会的先决条件有助于锁定目标客户群 3. 入会限制条件会让会员资格更有价值 4. 清晰确定会员结构使沟通变得更有效 5. 入会条件的限制有效地控制了会员的人数，从而降低了成本 6. 交纳入会费提高了会员的期望，从而迫使企业管理层不断提高它所提供的价值	1. 对现有客户和潜在客户了解甚少 2. 有长期的、高额的预算 3. 正处于未经过细分的市场 4. 处于 B2C 的市场环境中 5. 经营的产品同质化较严重

为了将精力集中在主要目标客户群上，限制财务投入并控制风险，以及通过更有效的沟通来提高效率，在大多数情况下，采用限制型忠诚计划对企业更有利。事实表明，人们更愿意选择加入限制型忠诚计划。

实操案例

唐舒的五家 TP 美容连锁店早在四年前就推行会员制营销，当时这种新鲜的营销方式受到了顾客的热烈欢迎，取得了很大的成效。但几年过去，特别是从去年开始，TP 美容连锁店的生意却越来越难做了。

唐舒到各个 TP 美容连锁店实地调研，得知生意下滑最直接的原因是原来的"老会员"都流失了，留下来的老会员也没有以前那么积极，而新会员由于竞争激烈开发起来也困难重重。看到 TP 美容连锁店的营业额大幅下降，唐舒异常头痛，决定向业内专家肖老师咨询一下。

肖老师对各个 TP 美容连锁店做了大量的调查与研究后发现："TP 美容连锁店采用的会员制销售模式具有一定的局限性——销售的会员卡分为金卡、银卡、白金卡、钻石卡、VIP 贵宾卡、丽人卡、普通会员卡等等，不同的卡主体现在所享受的价格折扣和服务场所的差异，采用刷卡消费的模式，积分优惠等等。

这种方式通过产品与服务价格捆绑、会员卡预售，降低了销售的成本与单次客户沟通的时间，短期内销售额和利润稳定上升，给经营带来非常好的现金流，在一定时期内留住了一定数量的稳定顾客群体，从短期销售来看起到了较好的效果。

但从长远来看，这种会员制营销模式会产生两个主要问题：一是会籍过了有效期后，会员流失的比率往往占正常经营的60%以上，留不住老客户，门店就要为开发新的会员而发愁；二是大部分高级会员预留了大量消费，很难再次续费形成新的销售，部分会员要求退出并退还未消费部分的金额（会员协议对退费有严格的约定），为此常常引发一些矛盾。

也就是说，这种会员制的设计是存在缺陷的，在短期内可以通过会员级别区隔不同消费层次，通过价格捆绑降低消费价格，早期会起到非常好的促销效果，然而当所有美容院的经营者基本都采取这一模式后，其营销的效力越来越有限。”

唐舒在听完肖老师对TP会员制营销的分析后，心中也觉得有道理，但还是没法完全认同：“可是TP连锁店以前一直依靠这种捆绑销售的会员制度取得了很大的成功。如果说这个制度从开始就有问题，那么这些成功案例又该怎么解释呢？如果说原先的会员制确实会有消极反应，那么中间的过程究竟是如何发生的？”

唐舒将自己的想法与肖老师进行交流，肖老师也认为唐舒说得有道理，他们现阶段的发现仅仅是一个现象，还没有抓住最根本的原因，需要进一步的访谈与调研。肖老师承诺一个星期后再给唐舒更深入的报告。

一个星期后，肖老师通过详细的消费者调研得出了结果：老会员流失以及购买不积极的主要问题在于“客户对美容效果的满意度较低”。而满意度低是因为“期望与实际效果”之间的差距，在成为会员之前企业通过各种方式宣传其产品与服务的美容效果，吸引了消费者成为会员，会员希望通过美容服务达到美丽的期望值非常高，而实际结果却相差很大。于是，很多会员就认为受骗上当了，不但不会续费，而且会成为一个负面的宣传案例。

但实际上这里存在一些误解，在调查中发现有些会员的美容效果是非常好的，而且作为国内比较正规的美容企业，TP连锁店的产品采用澳洲最新美容产品技术，服务人员的技术也有严格的标准程序，只要会员可以坚持完成正规美容疗程，一般都会取得不错的效果。

美容的实质是通过美容来延缓衰老，其改变不了人自然的新陈代谢与衰老的本质，美容服务需要通过长年的有规律地进行才可能产生实际效果（如同人的健康，除了天生特质的差异外，后天坚持不懈的运动、良好的生活习惯是保持健康最有效的手段）。然而分析表明，大部分会员在成为会员初期时消费热情较高，消费次数频繁，越往后消费热情越低，只是偶尔来进行消费，有的干脆后来就放弃了，没有一个持续规律性的消费行为，造成实际上很难产生非常好的美容效果。

这才是问题的关键，因为客户去美容院消费往往是有空才去，没有形成规律，所以很难取得满意的美容功效。当客户购买了你的产品但却没有消费时，他们下一次的购买热情肯定会下降。研究表明，顾客在第一年里对产品的使用率决定了他们是否会在第二年再次购买该产品。这次调查中也证实了这一点，经常来消费的客户其第二年流失的比例就很低。

“但这个发现似乎与会员制营销没有什么直接联系?”唐舒这样想，肖老师继续说道：

“会员制营销所采取的定价策略却会在很大程度上影响消费，如预售、年票和价格捆绑等等支付方式，掩盖了客户单次消费的实际支出，降低了客户对消费价格的敏感性，客户价格敏感性的降低直接导致客户实际使用消费的降低，客户的消费整体呈递减规律。如果客户购买了产品与服务而没有真正去使用并产生价值，可以说其再次购买的可能性是微乎其微。

TP 美容连锁店采用简单的会员制营销完成客户销售的同时，忽略了客户实际的消费；一味地强调销售，而忽略了对客户实际消费的关注和引导。当客户只是购买了产品而不是消费了产品的时候，她下次购买的可能性就一定会降低。”

唐舒听到这里恍然大悟：“对，我们的员工将所有的工夫花在销售上，总以为顾客交了费用后就完成任务了，根本不去在意顾客的消费，思维只是停留在‘一锤子’买卖上，而不是细水长流!”

肖老师："在会员制营销模式中，会籍的销售固然重要，它使企业获取资金，建立了客户的联系，然而这只是成功的开始，客户真实的消费和获取的价值才是最重要的。如果希望获得客户长久的忠诚和永久的利益，只有构筑完善的产品和服务，设法使客户消费并给客户带去价值。那些试图通过构筑会员捆绑式销售进行欺诈式的销售行为永远都不会长久。"

针对TP连锁店会员制存在的问题，肖老师提出了针对性的解决方案，调整了TP连锁店的会员制营销模式和服务内容，加强了对客户消费行为的引导，增强了客户服务内容和质量。主要措施如下：

1. 通过会员杂志和美容导师的宣导，在会员内部建立积极的美容消费文化氛围，倡导科学的美容消费观念，引导会员有规律地接受长期美容服务，形成良好的饮食与健康生活习惯。

2. 增强对美容师的培训，美容师为每一位会员制订美容计划，建立会员美容档案，美容师定期与客户电话预约，监督客户去店面接受美容服务。

3. 多种形式相结合的会员付费方式，月度、季度与年度交费相结合的缴费方式，增加付费的频率，减少会员一次性付费的压力。

4. 构筑核心套装护理产品，增加产品使用次数，减少对会员销售和促销的频率，增加服务内容，提高服务质量。

5. 调整美容师的激励方式，适当提高美容师的基本工资，改变以销售额提成唯一的奖金发放形式，增加对客户服务和客户满意度的考核指标，引导美容师提高客户服务的意识和行为。

这一系列的调整在后来的大会上得到了通过，接下来的一年内，TP连锁店形成了自身独具特色的营销模式，得到了飞速的发展。

具体应用

近年来，随着以累计积分为主要形式的忠诚计划在各行各业的广泛应用，企业设立忠诚计划的模式有向纵深多方面发展的趋势。一些企业通过与其他行业合作伙伴的联盟，共享和扩大顾客资源，分担积分压力；也有些企业通过与

细分市场的互动沟通，加深与消费者的情感联系和对消费者的了解。

确定适合的客户忠诚计划模式

客户忠诚计划模式包括独立积分计划、积分计划联盟模式、联名卡和认同卡模式，还有会员俱乐部模式。

● 独立积分计划

独立积分计划指的是，某家企业仅为消费者对自己的产品和服务的消费行为和推荐行为提供积分，在一定时间段内，根据消费者的积分额度，提供不同级别的奖励。这种模式比较适合于容易引起多次重复购买和延伸服务的企业。

在积分计划中，是否能够建立一个丰厚的、适合目标消费群体的奖励平台，成为计划成败的关键因素之一。很多超市和百货商店发放给顾客的各种优惠卡、折扣卡都属于这种独立积分计划。

独立积分计划对于那些产品价值不高、利润并不丰厚的企业来讲，有很多无法克服的弊端，最为重要的难点是成本问题。自行开发软件，进行数据收集和分析，这些都需要相当大的成本和人工。

很多积分计划的进入门槛较高，能够得到令人心动的奖励积分的额度过高，而且对积分有一定的时效要求。这样做虽然比较符合 20/80 原则，将更多的优惠服务于高价值的顾客，也有助于培养出一批长期忠实的客户，但这样做也流失了许多消费水平没有达到标准的准高价值客户。

另外，随着积分项目被越来越多的商家广泛使用，手里持有多张积分卡的客户会越来越多。这些客户在不同的商家那里出示不同的会员卡，享受相应的折扣或者积分优惠，却对每一家都谈不上忠诚。

● 积分计划联盟模式

联盟积分，是指众多的合作伙伴使用同一个积分系统，这样客户凭一张卡就可以在不同商家积分，并尽快获得奖励。相比较于企业自己设立的积分计划的局限性，联盟积分则更有效、更经济、更具有吸引力。

企业是选择单独推出积分计划还是选择加入联盟网络，是由企业的产品特征和企业特征决定的。如果企业的目标客户基数并不是很大，企业主要通过提高顾客的"钱包占有率"、最大限度地发掘顾客的购买潜力来提高企业的利润，则推出独立积分卡较合适；联盟积分卡可以通过互相为对方提供物流、产品、顾客资料方面的支持，降低企业的各种压力，使企业能获得更多的新的顾客资源。

● 联名卡和认同卡

联名卡是非金融界的营利性公司与银行合作发行的信用卡，其主要目的是增加公司传统的销售业务量。

认同卡是非营利团体与银行合作发行的信用卡。持卡人主要为该团体成员或有共同利益的群体，这类关联团体包括各类专业人员。持卡人用此卡消费时，发卡行从收入中提成一个百分点给该团体作为经费。运动协会（如美国橄榄球协会 NFL）、环保组织、运筹学管理科学协会的认同卡就是这方面的成功例子。

与前述积分计划联盟模式的不同点在于，联名卡和认同卡首先是信用卡，发卡行对联名卡和认同卡的信贷批准方式与一般的普通信用卡很接近，它们的运营和风险管理也有许多相通之处。在管理方式上，银行需要与合作的营利企业或非营利团体签有详细的利润分成合同。从市场渗透的角度而言，针对有一定特殊共性的消费群体来设计品牌，是一个极好的市场细分的手法，对加强信用卡发行单位和签约单位的顾客忠诚度非常有效。

● 会员俱乐部

有的企业顾客群非常集中，单个消费者创造的利润非常高，而且与消费者保持密切的联系非常有利于企业业务的扩展。他们往往会采取俱乐部计划和消费者进行更加深入的交流，这种忠诚计划比单纯的积分计划更加易于沟通，能赋予忠诚计划更多的情感因素。

抓住客户忠诚计划制胜的关键

现代企业竞争的本质是顾客忠诚度的竞争，而客户忠诚计划要真正吸引客户，获得客户的忠诚，就必须做好以下两大关键要点：

● 忠诚方案需要依据顾客行为而调整

忠诚方案发展最成功的企业要算美国运通，而且美国运通还根据顾客的行为对客户忠诚方案进行不断的调整，使其客户忠诚计划始终具有吸引顾客的魅力。

美国运通最早只是让持卡人累积点数，这些点数可以用于搭乘飞机。而后，方案随着美国运通与其他企业结盟（如饭店）而推展开来。

现在与美国运通结盟的企业多达 140 家，供兑换选择的包括 SPA、旅游与慈善捐款等。美国运通最聪明的做法还在于，它提供加油站、超市签账的顾客双倍的点数，因为这是一般人每天必须出入的场所，顾客因此会喜欢使用美国运通卡。这也是美国运通领先业界的原因之一。

美国运通观察顾客的消费习惯，然后再将方案设计得符合顾客的需求。比如，顾客喜欢把点数当成货币使用，他们可以用这些点数兑换电影票、平面电视或租休旅车等。

● 区隔顾客、区别对待

对多数消费者而言，忠诚方案最开始的吸引力就在于免费兑换商品。但是，当企业开始区隔顾客时，就会发现顾客对企业的期待，会依他们对方案的参与程度而有所不同。

低参与度的顾客在乎的是比较实质的利益，如免费服务、商品、折扣、折价券等；高参与度的顾客比较在乎软性利益，譬如快速办理饭店住宿登记、退房手续、升等或游客私人休息室等。这些顾客在意的是企业珍惜他们、了解他们。他们往往也是企业必须多费心思的顾客，因为他们有可能与企业建立长久的关系。

例如，美国哈洛斯娱乐公司为其钻石级会员提供特别的服务，如享有私人休息室、不同的服务柜台、快速兑换赌金等。其中比较特殊的是，哈洛斯开设一条通道，专供钻石级会员进入海鲜自助餐厅，通常进入该餐厅需等上 45 分钟到 1 小时的时间。而这些赌客没时间等，他们需要更多的时间玩。

会员利益设计

客户忠诚计划的核心就是向会员提供什么样的利益包，这是忠诚计划的灵魂，也是忠诚计划能否取得成功及能否留住客户的关键所在。由于忠诚计划旨在与客户建立起富有感情色彩的关系，因此找出正确的利益非常重要，而且这些利益对会员来说必须是有价值的。

当客户在考虑是否加入一个忠诚计划时，他会详细衡量付出（会费、个人的相关信息、会员责任）与回报（利益、财务优惠、满意的待遇、身份/形象），当后者大于前者时，客户会感到有价值，才会决定加入。

客户忠诚计划的精髓在于为会员创造在他们看来具有很高认知价值的利益，因为驱使会员对于企业培养起忠诚度的最原始动力还是利益。那么什么样的利益才会让会员认为具有很高认知价值呢？

1. 具有某种唯一性或者与众不同，而且价值的绝对值很高
2. 是从客户的角度去选择，并为他们所喜爱的利益
3. 是客户认可并期望获取的利益

为了能够正确选择忠诚计划的利益，必须详细衡量每一项潜在利益的价值。只有通过周密的计划方案和详细的客户调查，综合了客户的意见和想法，才能找出真正吸引客户的利益。

● 硬性利益

几乎每一个成功的客户忠诚计划都由恰当的硬性利益和软性利益组合而成。硬性利益是可以立即被会员认同的有形利益，它为会员带来某些方面的成本节约。

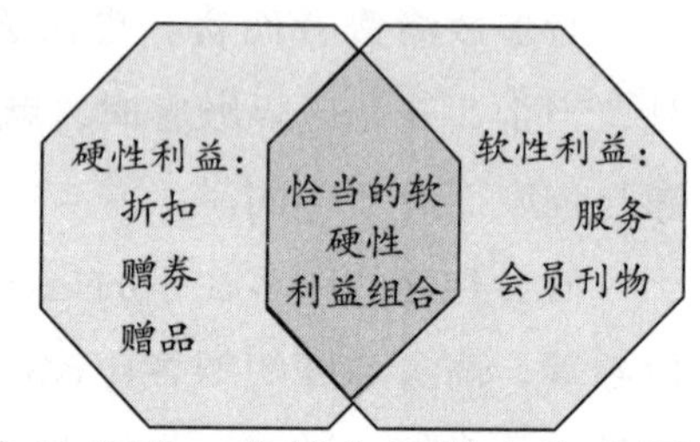

通常情况下，硬性利益都是财务方面的利益，例如，折扣、赠券等。硬性利益可以为会员省钱，省钱永远排在客户愿望的最前面，因为省钱对客户确实具有一定的价值，而且这种价值是可以衡量的。因此，客户忠诚计划必须包含一定的硬性利益。

但这些财务利益并不是忠诚计划中能够留住客户的原因。因为诸如折扣、赠券这些手段是每一个商家都可以采用的，不具有独特性。那些只是因为折扣而加入你的忠诚计划的客户，会在竞争对手提供更低的折扣时马上离你而去，投入竞争对手的怀抱中去。

● 软性利益

软性利益是忠诚计划获得成功的决定性因素，它包括增值服务、特殊待遇或客户希望得到的认同和回报等。软性利益一般都是无形的，且与企业或产品相关的利益，因此不易被竞争对手所模仿。软性利益使忠诚计划具有独到之处，而正是因为这些独特之处吸引了客户，同时为客户提供了他们期望的高价值。

但是，软性利益是难以量化衡量的，而且为会员提供软性利益需要付出成本。

综上所述，企业只有找到硬性利益与软性利益的最佳组合，对客户来说才是具有最高认知价值的，而且能够达到留住客户的目的。只提供硬性利益容易被竞争对手模仿，而只提供软性利益也不能达到长期留住客户的目的，因为省钱始终是忠诚计划最初吸引客户的因素。

● 找出客户真正利益的步骤

我们知道，客户购买产品或服务是为了满足其自身某种需求。比如洗发水的作用是清洁头发，这是洗发水与生俱来的特性。而客户在清洗头发时，希望能同时解决头皮屑的烦恼，这就是客户的特殊需求点，客户的特殊利益点就是能满足客户自身特殊需求的地方。

由于客户的需求是多种多样、不断变化的，而且客户的有些需求是隐蔽的，因此，在制订客户忠诚计划前，首先要找出真正吸引客户的利益点。企业一定要找出那些客户真正想得到并且会经常使用的，令客户加入忠诚计划的利益。通过以下三个步骤，可以帮助你找出那些具有最高价值的利益。

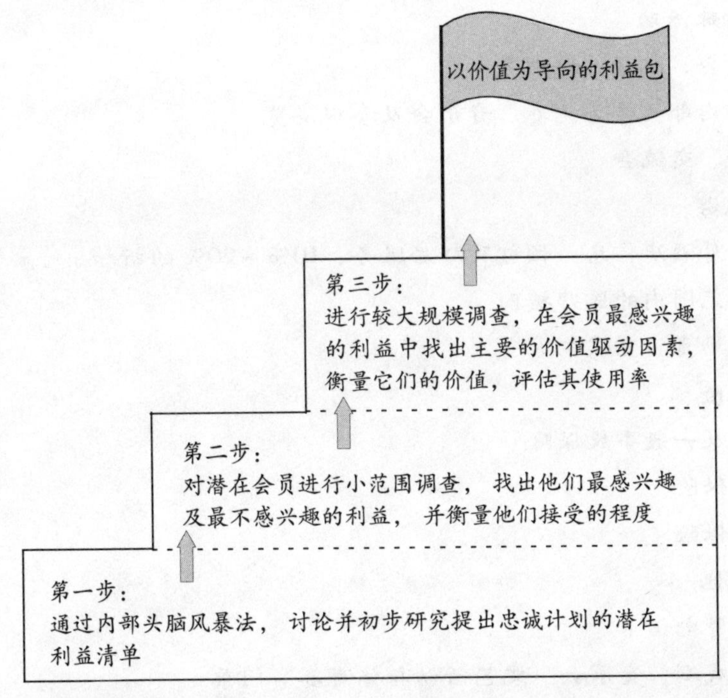

（1）收集潜在利益。

当客户忠诚计划的目标及目标客户群已经被确定下来，而且内部项目团队已经由来自不同部门的人员组建起来。这时候，我们需要做的工作就是将所有忠诚计划的会员非常感兴趣的潜在利益都收集起来，并列出详细的清单。

要特别注意的是，在形成潜在利益清单的过程中，不要考虑诸如成本、可行性及竞争力等因素，也不要限制团体成员的想象力。团队成员需要结合你们确定的目标客户群，收集尽量多的竞争对手的忠诚计划、企业本身所在行业的忠诚计划、来自其他行业/国家的忠诚计划等，将这些来自广泛领域的忠诚计划的潜在利益收集起来，同时还要加上你们的新想法，力求涵盖所有的潜在利益。

以下是客户最感兴趣的利益举例：

产品/附属品

- 高档品牌、珍品
- 限量发售的产品
- 印有忠诚计划标志的产品
- 有时间限制的、免费发送的会员报纸和杂志
- 礼品：高品质的饰品
- 体育用品：高尔夫、网球、骑马

特殊活动

- 研讨会、演讲、培训等
- 会员内部的体育竞赛、音乐会及参观游览
- 餐会、交流会

旅游

- 国内外酒店信息、预订及订房服务，10% ~20% 的折扣
- 世界范围内的医疗援助
- 在机场贵宾室候机

保险

- 交通及一般事故保险
- 汽车保险
- 行李保险

其他

- 预付费电话卡
- 代购戏剧、音乐会、文艺活动与体育赛事门票
- 秘书服务，如打字、问询、寄送服务等
- 会议组织服务

（2）对潜在会员进行小范围调查。

当项目组的团队成员将客户忠诚计划的潜在利益清单列出来之后，第二步工作的目的是通过对小部分的潜在会员进行调查，找出哪些是最具有吸引力和最没有吸引力的潜在利益。

这一阶段的工作内容主要包括以下几个方面：

1. 抽取 30～35 名来自不同目标客户群的潜在会员作为面谈的访谈对象。

2. 在对潜在会员进行访谈之前，应该简要地介绍忠诚计划，让它们对忠诚计划的目标和访谈的目的有一个大致的了解。

3. 尽量采用开放式的问题进行访谈。

4. 对被访者详细解释清单上的利益。例如：订票服务——你只要拨打指定的电话，使用信用卡就能买到全世界任何活动的门票。

5. 让被访者根据不同的尺度评估每一种利益。例如：订票服务——对你来说这项利益：非常具有吸引力、有一些吸引力、根本没有吸引力。

6. 记录被访者的相关新意见。

7. 当完成调查后，将清单上的利益分成两组：具有吸引力和没有吸引力。

通过对潜在会员进行的小范围调查得出的结果，我们可以找出哪些利益应该作进一步的考虑，哪些利益应该放弃。一般来说，一张包含 50 项利益的清单通过此阶段的调查后，可以将利益缩短到 20 项左右。

（3）深入的客户研究。

第三阶段工作需要进行较大规模调查，其目的在于从最具有吸引力的利益中找出最高价值的驱动因素，衡量它们的价值并评估其使用率。

这一阶段的主要工作是让被访者准确地衡量利益的价值，并以排序的方式表现出来。

1. 抽取约 250 名潜在会员作为深入访谈的对象。

2. 使用等级法、固定总和评价法及联合测量法，让被访者根据他们的喜好排序。

3. 综合被访者的排序结果，找出最有价值的利益。

注意事项

会员营销需要朝着“客户价值创造中心”转化，而客户价值的创造，则反过来使客户对门店的忠诚度更高。门店在设计会员忠诚计划时要注意以下事项：

满足会员归属感的需要

马斯洛的需要层次论指出，人除了生存和安全的需要外，还有社交、受尊重和自我实现的需要。假如一个人没有可归属的群体，他就会觉得没有依靠、孤立、渺小、不快乐。人们总是希望和周围的人友好相处，得到信任和友爱，并渴望成为群体中的一员，这就是爱与归属感的需要。

会员制的建立正是为了满足人们的这种需要，会员制强调金钱和物质并不是刺激会员的唯一动力，人与人之间的友情、安全感、归属感等社会的和心理的欲望的满足，也是非常重要的因素。会员制俱乐部建立通畅的会员沟通渠道并保持经常性的沟通，不断强化会员的归属感，让每一位会员都感到备受尊崇。

“物以类聚，人以群分。”会员制俱乐部将有共同志趣的会员组织起来，通过定期或不定期的沟通活动，使企业和会员、会员与会员之间达成认识上的一致，感情上的沟通，行为上的理解，长久坚持以发展为深厚的友谊。如此一来，会员对企业的忠诚也是必然的结果。

为会员提供价格上的优惠

几乎每一家实行会员制的企业都会为会员设置一套利益计划，例如折扣、积分、优惠券、联合折扣优惠等。俱乐部通过办理会员卡，给予会员特定的折扣或价格优惠，进而建立比较稳定的长期销售与服务体系。

虽然越来越多的企业案例显示，价格在培养客户忠诚方面的作用正在日益下降，因为只是单纯价格折扣的吸引，客户易于受到竞争者类似促销方式的影响而转移购买。但在当今的中国，人们在作购买决定时，价格因素是否已经不重要呢？毫无疑问，当然重要。

因此，会员制应该如何有效地利用价格策略，在保持会员稳定的前提下尽可能减少价格优惠对收入的负面影响，这是企业需要慎重考虑的问题。

为会员提供特殊的服务

在市场竞争日益激烈的情况下，要想使企业的产品明显地超过竞争对手，已经很难做到。从长远以及世界上很多出色企业的成功经验来看，只有通过创造优质的服务使顾客满意才能增加市场份额。

服务策略可以培养客户的方便忠诚和信赖忠诚，优质的服务使客户从不信任到信任，从方便忠诚到信赖忠诚。例如为每一位会员建立一套个性化服务的问题解决方案，或者定期或不定期组织会员举办不同主题的活动等，这些特殊的服务可以有效地增进企业与会员、会员与会员之间的交流与加深友谊。

4.2 会员组织的建立

会员制营销的实施是一个复杂的系统工程，涉及几个不同利益的团体，如会员制的经营管理者、会员、外部合作者等，这些团体需要得到不同的信息、任务及沟通类型等。为了保证它的平稳运行，必须建立专门的组织部门负责执行实施，投入包括正确数量的人力、财力、技术和时间等方面的资源。

核心概要

负责推行会员制实施的专门组织机构通常称为中央服务中心（CSC），中央服务中心的设置以能够实现先期规划的俱乐部职能为标准，以保证俱乐部的运营质量，不能千篇一律。

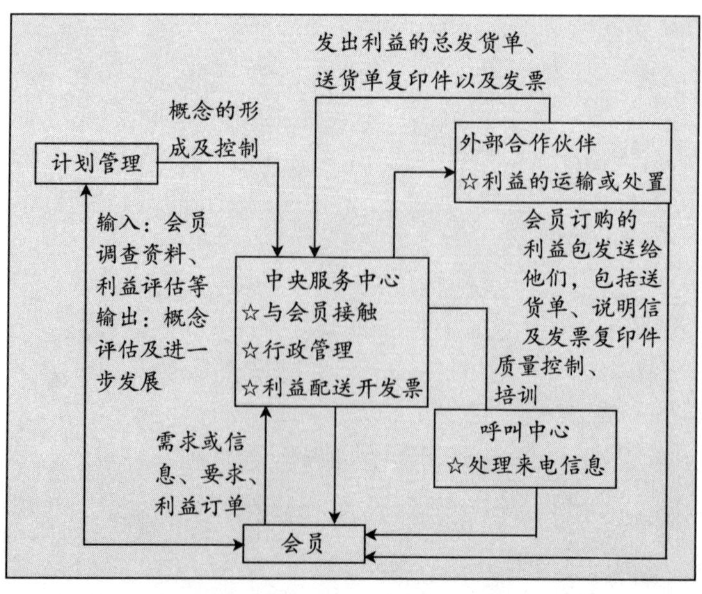

中央服务中心要协调、检查并组织会员制营销的方方面面的业务，它具有以下的多项职责：

直接的会员服务

- 负责发出或回复所有与会员接触的邮件、电子邮件、电话等；
- 负责与主动打电话或写信来的潜在会员进行沟通；
- 负责协调和解决会员在享受俱乐部服务中遇到的各类问题；
- 负责会员个人资料的更新和管理工作；
- 负责受理会员各类服务投诉；
- 负责会员礼品、宣传品和会刊等物品的定期发放工作；
- 在使用呼叫中心的情况下，负责实行质量控制和监督。

对外宣传、交往与合作

- 负责制定并落实俱乐部宣传及会员发展方案；
- 负责俱乐部各类文件、信息、工作计划及总结等文字性材料的拟订、管理和上报工作；
- 当企业发起一个将经销商包括在内的忠诚计划时，在这种情况下，负责与经销商的沟通；
- 负责维护会员数据库，并将分析结果送交企业的相关部门；
- 负责整个忠诚计划的管理。

实操案例

移动全球通 VIP 高尔夫俱乐部会员章程（个人会员适用）

第一章　总则

第一条　为了加强全球通 VIP 高尔夫俱乐部的管理，促进俱乐部的健康发展，维护俱乐部和广大会员的公共利益，制定本章程。

第二条　全球通 VIP 高尔夫俱乐部（英文名称：GoTone Golf Club）是中国移动全球通 VIP 俱乐部属下的一个专业俱乐部，是中国移动为广大 VIP 客户提供高品质服务的一个重要平台。

第三条　全球通 VIP 高尔夫俱乐部宗旨：遵守国家法律法规和政策方针，遵守社会道德风尚。在中国移动通信集团公司的统一组织管理和指导下，积极为全球通 VIP 俱乐部会员打造一个全新的服务平台，提供全面、周到、快捷的高尔夫运动服务，让俱乐部会员体验真正属于自己的品位和情趣，充分体现中国移动“沟通从心开始”的企业理念和服务承诺。

第二章　服务内容

第四条　全球通 VIP 高尔夫俱乐部致力于为广大会员提供“精细化、差异化、个性化”的优质、优惠服务，主要服务内容包括会员培训、会员赛、优惠订场、差点系统服务、高尔夫资讯和球具团购等多个项目。

1. 会员培训：包括会员基础培训、会员高级主题培训和会员球具知识培训等，并可优惠订阅会员培训资料。

2. 会员赛：组织参加地区性和全国性会员赛。

3. 优惠订场：在与俱乐部签订服务协议的球场消费可享受优惠和优质服务。

4. 差点系统服务：全球通 VIP 高尔夫俱乐部与中国高尔夫球协会合作推广差点查询系统，会员可享受差点提交和查询服务。

5. 高尔夫资讯：以优惠资费提供高尔夫资讯查询服务。资讯内容包括高尔夫球信息、高尔夫技术讲解、球星新闻、高尔夫规则、高尔夫幽默等，会员可通过手机短信订阅、WAP 网站查询或专业座席查询。

6. 球具团购：为会员提供一个优惠的交易平台。

针对全球通 VIP 高尔夫俱乐部的详细内容请拨打 12580 咨询。

第五条　全球通 VIP 高尔夫俱乐部为会员提供一个享受优惠服务平台的同时，会员也必须为自己所享受的各项服务支付一定的费用。

1. 俱乐部年费：会员入会后须缴纳 200 元/年的年费，年费中已经包含了差点系统的使用费和各项服务的服务费。

2. 培训费用：参加俱乐部组织的各种培训时，会员可以优惠价支付培训费用。

3. 参赛费用：参加会员赛时，会员可以优惠价支付当地球场的打球费用。

4. 场地费用：会员根据俱乐部与球会约定的优惠价格支付场地费用。

5. 资讯费用：会员订阅和查询高尔夫资讯，视具体资讯内容以优惠价格支付一定的信息费。

第三章　会员须知

第六条　入会条件

1. 必须是全球通 VIP 俱乐部会员（包括钻石卡、金卡、银卡会员），且当前没有处于销户、停机或欠费状态。

2. 热爱高尔夫运动，自愿加入俱乐部。

3. 同意本俱乐部章程。

第七条　入会程序

符合入会条件的客户可致电客户经理或者直接登录中国移动网站 www. ×××. com 登记报名，也可到指定营业厅索取入会申请表和详细资料。经资格审查通过后正式成为俱乐部会员，获取印有会员 ID 号的激光标签（激光标签须贴在全球通 VIP 卡上使用）。

第八条　会员权利

1. 可享受与俱乐部签订服务协议的球场提供的优惠优质服务。

2. 可获得差点证，并享受递交和查询差点成绩的服务。

3. 可优惠参加高尔夫俱乐部举办的高尔夫培训，接受著名球手教练的指导，以及优惠订阅培训资料。

4. 享有包括手机短信信息查询等多种方式的专业资讯服务。

5. 享有俱乐部举办的所有会员赛的参赛权，并可受委托代表全球通 VIP 高尔夫俱乐部参加国内外高尔夫球业余大赛。

6. 可享受俱乐部推出的球具团购优惠服务。

7. 可优惠参加俱乐部组织的国外高尔夫球赛观光旅游活动。

第九条　会员义务

1. 热爱全球通 VIP 高尔夫俱乐部，遵守俱乐部章程，维护俱乐部利益，积极参加俱乐部活动。

2. 按规定缴纳年费和支付各种活动费用。

3. 遵守与本俱乐部签约的高尔夫球会的有关章程和规定。

4. 会员间应互相尊重，遵守高尔夫礼仪，倡导健康的高尔夫文化。

第十条　会员资格延续及终止

1. 高尔夫俱乐部会员资格是建立在全球通 VIP 俱乐部会员资格的基础之上的，每年须接受一次新的资格审查并续交年费，方可延续会员资格。

2. 如会员停止使用中国移动网络，则其俱乐部会员资格自动失效，俱乐部不退还年费。

3. 会员有重大犯罪事实受到法律制裁，或严重损害本俱乐部利益，或拒不履行会员义务劝解无效的，俱乐部有权取消其当年会员资格，并酌情考虑其下一年会员资格。

第十一条　注意事项

1. 会员 VIP 卡和 ID 号只限会员本人使用，不可转让和租借。

2. 会员联系方式如有变动，请在第一时间通知本俱乐部，以便本俱乐部继续为会员提供服务。

3. 会员 VIP 卡和激光标签如有遗失，应立即通知本俱乐部挂失，并办理补发手续。

第四章　附则

第十二条　会员加入本会，即视为同意本章程的规定。

第十三条　本章程自颁布之日起实施。

第十四条　本章程解释权、修改权属中国移动通信集团公司。

中国移动××公司

××××年××月××日

具体应用

一般情况下，客户忠诚计划的管理越独立，其效果就越好。因为客户忠诚计划的独立管理意味着其管理层有权作出以下决策：如何经营忠诚计划、如何组织忠诚计划、忠诚计划可以提供哪些利益等。

无论是建立完全独立的企业去管理忠诚计划的业务，还是由企业内部的部门去管理，俱乐部中央服务中心都应该根据自身的实际情况，设立职责分工明确的部门以及切实可行的管理制度。

部门设置

一般情况下，企业可以根据自身的实际需要，设置以下几个部门并确定具体的分工。

部门	职责
会员事务管理工作部	协调各部门，共同做好会员的管理工作 负责对年度会员累计消费奖励活动进行成本统计 负责制订年度会员累计消费奖励活动实施内容及细则 负责制订会员的推广方案和实施细则 俱乐部日常活动用品的采购和定制 大型俱乐部活动领导的邀请 俱乐部大型活动礼品的采购和定制
会员系统工作部	根据俱乐部的管理要求，提供相应的软件系统及完善的技术支持 负责会员证、卡的制作、保管、有效期延长及数据的统计工作 客户数据库的建立，包括业务资料、家庭大事记、社会关系资源 客户信息的录入、分析、更新 负责俱乐部的网站编辑工作，包括新闻、案例、企业文化、团队建设 所有活动的合作者选择和工作协调
运营工作部	会员的邀请、召集、联络 制定和完善俱乐部的管理规则和制度 负责向重点客户进行最新业务介绍，并进行免费服务 负责向重点客户进行最新业务优惠的介绍 管理对会员代表的增值服务
会员活动工作部	俱乐部文体活动的策划、组织 俱乐部例行活动的策划 所有定期、不定期活动的实施管理

通过设立以上部门，同时处理好企业现有服务部门、营销部门、销售部门及企业其他部门之间的关系和定位，确保相应业务流程的顺利衔接，以便充分发挥忠诚度计划的优势，提升企业的核心竞争能力和盈利能力。

建立会员制的管理制度

对于企业来说，制度就像是一部发动机，只要这部发动机安全可靠，则其管理的企业就能够正常运转。企业要实行会员制，则要建立相关的管理制度。

会员制的管理制度主要包括：入会资格审查制度、入会（及退会、除籍）公告制度、资源共享制度、保密制度、销售服务制度等。

其中，会员章程是开展会员制营销的大纲，应该在章程中明确俱乐部宗旨、会员资格、会员权益、会员义务、会籍管理、组织机构、管理制度等事宜。会员制章程主要组成部分与具体内容如下：

- 总则

> 为了提供社会各界有关人士和企事业单位社交（或购物、共同爱好、信息交流、休闲娱乐等）活动场所和机会，发起组建会员制组织，特制定本章程。
>
> 俱乐部名称为：
>
> 中文：××，简称：××；
>
> 本俱乐部为中华人民共和国境内非法人会员制组织（或企业法人，或社团法人组织）。
>
> 本俱乐部由××主办，接受领导监督。
>
> 俱乐部一切活动，遵守国家法律、法规，维护国家利益和社会公共利益，接受政府有关部门的依法监督和管理。

- 俱乐部地址，规模，范围

> 俱乐部地址及邮编。
>
> 俱乐部实行会员制，一切设施的服务均属会员专用，不对外营业。
>
> 俱乐部封闭式，会员总额定名（或开放式，不限定名额）。
>
> 俱乐部活动范围。

● 会员

<table>
<tr><th>项目</th><th colspan="2">说明</th></tr>
<tr><td rowspan="2">会员资格</td><td>个人会员资格</td><td>a. 年满20周岁以上的中国或外国公民
b. 有正当职业和良好财务资信
c. 能理解本章程，并品行端正</td></tr>
<tr><td>法人会员资格</td><td>a. 在中国境内或境外合法存在的企业法人或社团法人
b. 有良好的财务资信
c. 资本金在××万元人民币以上</td></tr>
<tr><td>会员组成</td><td colspan="2">不同类会员享有不同的会员权利：
a. 金卡会员：会员证一张，记名会员卡一张，不记名附卡二张
b. 银卡会员：会员证一张，记名会员卡一张，不记名附卡一张
c. 名誉会员：会员证一张，记名会员卡一张，不记名附卡一张</td></tr>
<tr><td>入会手续</td><td colspan="2">a. 填写入会申请表格并附身份证或法人执照复印件，照片及其他文件
b. 经俱乐部理事会审理
c. 批准入会，签订入会合同，缴纳入会费及保证金
d. 发给会员证卡，成为正式会员</td></tr>
<tr><td>会员的基本权利</td><td colspan="2">a. 不同等级会员享有不同的优先、优惠权利
b. 会员享有入会合同，章程规定的有关权利
c. 享有俱乐部提供的各种消费服务
d. 享有俱乐部提供的信息和活动
e. 对俱乐部管理有监督、建议和批评权
f. 对会籍让权的自由（一般不准退会，只可转让）</td></tr>
<tr><td>会员的基本义务</td><td colspan="2">a. 严格遵守国家有关法律、法规以及俱乐部的规章制度
b. 不能延迟缴纳规定的管理年费或其他费用
c. 遵守本章程，入会合同，服从理事会决议
d. 接受俱乐部的日常管理和监督
e. 记名式正卡不得私自转借使用
f. 会员对其正卡、附卡之持卡人在俱乐部的一切行为负有责任</td></tr>
<tr><td>会籍转让</td><td colspan="2">a. 会员持有会籍××个月后方可转让
b. 由原会员和新会员共同提出书面申请，经俱乐部理事会同意后方可办理转让手续
c. 会员转让时，新会员向原会员支付转让费，并由原会员向俱乐部缴纳总转让费用一定比例的手续费
d. 会员转让的盈亏责任归原会员</td></tr>
</table>

（续表）

项目	说明
会员处分	a. 违反了俱乐部规则，或触犯国家法律 b. 有伤俱乐部名誉，或破坏俱乐部秩序 c. 延迟缴纳年费或其他费用，经书面警告 3 个月仍不履行 d. 发生被理事会确认须处分的行为 e. 对除名的会员收回会员卡，保证金、入会费等不予退还，该会员资格向新会员招募
会员资格的继承	a. 个人会员在死亡、丧失行为能力、永久性离境等情况下，其会员资格可由 1 名法定继承人继承，办理更名手续，缴纳一定比例的手续费 b. 法人会员在该法人破产、解散时，或遇到重大诉讼案时，其会员资格可由法人的债权人继承，办理更名手续，缴纳一定比例的手续费
会员证到期	俱乐部一般不允许退会，在会员证到期而无法延续时，由俱乐部收回原会员证、卡，而作为新会员证招募会员

● 俱乐部理事会

（1）俱乐部设立理事会，为俱乐部咨询、议事、监督机构。

（2）理事会设立理事长 1 人，秘书 1 人（可由总经理兼任），视情况聘请名誉理事长，名誉理事若干名，理事会规模为 × 人。

（3）理事会每届任期 × 年，一年召开两次理事会议，遇特殊情况可召开特别会议。

（4）理事会职能：

a. 审查通过俱乐部的各种规章制度；
b. 审核，批准会员加入或转让的申请；
c. 任免俱乐部总经理等高级职员；
d. 审查俱乐部管理方案、工作报告、财务报告和收费标准；
e. 决定其他重大事项。

（5）理事会普通决议以简单多数通过，特别决议以 2/3 以上同意通过。

（6）理事会成员。

a. 首届理事会成员由俱乐部管理机构提名组成；
c. 其他各届理事会由全体会员或会员代表选举产生。

（7）俱乐部每年划拨一笔理事会工作经费。

（8）理事会闭会期间，由理事长、副理事长、秘书代表理事会行使职权。

● 总经理

（1）俱乐部实行理事会领导下的总经理负责制。

（2）总经理职责：

a. 执行理事会各项决议，提出工作报告；
b. 主持俱乐部日常经营管理活动；
c. 拟订俱乐部机构和管理制度，报理事会审核批准；
d. 提请任免俱乐部高级管理人员；
e. 决定处理俱乐部的重大事务；
f. 理事会授予的其他职责。

（3）总经理和其他工作人员，不得从事与俱乐部利益冲突的工作。

● 财务管理

a. 俱乐部按国家有关规定，制定相应的财务管理制度。
b. 俱乐部按规定向会员报告俱乐部财务状况。
c. 俱乐部为营利性时，须办理税务登记，依法纳税。
d. 俱乐部调整各项收费项目和标准，须遵守程序办理。

● 附则

a. 会员应熟知遵守本章程，各项规章制度，俱乐部公告。若发生任何违反或疏忽行为，均不得以任何借口而推诿责任。

b. 因战争、自然灾害、政府法令等其他不可抗力的原因，俱乐部理事会有权决定是否继续营业。

c. 本章程未尽事宜，将在今后制定其他规则和管理办法。

d. 本章程解释权属俱乐部理事会。

注意事项

门店在建立会员制组织架构时，要注意以下要点：

- 会员制组织架构决定着会员制的长期发展，决定着会员制组织的高效运作与否。组织架构的设计应本着简洁、科学、务实的方针进行。
- 会员制组织架构设计不能是按现有组织架构状况的记录，而是综合企业整体发展战略和未来一定时间内企业运营需要进行设计的。因此，既不可拘泥于现状，又不可妄自编造，每一职能部门、每一工作岗位的确定都应经过认真论证和研究。
- 不要生搬硬套其他会员制组织架构，而是对自身门店的情况详尽了解之后，结合本身的特点和一些良好的传统习惯，灵活运用组织设计原则设计出来的组织架构才是适合的。
- 会员制组织的建立，要循序渐进，不能急于求成，各职能部门要划清权责、确定人员的岗位职责，并做好企业内部各级人员之间的充分沟通工作，力争做到科学适用。
- 会员制组织架构的设计需注重可行性和可操作性，既要考虑短期的战略目标，又要考虑将来企业的规模和战略。因为它是会员制运营的基础，也是部门编制、人员配置的基础，组织架构一旦确定，除经董事会研究特批外，一般不宜更改。

4.3 会员征集与推广

会员制营销顾名思义其服务的对象是会员，它是为了会员而存在的。如何让企业锁定的目标客户群成为会员制俱乐部的核心会员，如何扩大俱乐部在目标客户群中的影响力，使目标客户群成为企业长久稳定的会员，这需要企业进行详细的规划和实施有效的会员征集与推广活动。

核心概要

对于实行会员制营销的企业来说，会员是其重要的市场目标，也是企业营销策略的主要针对对象，会员招募是赢得市场的第一个步骤。详细的会员招募规划和有创意的宣传活动，可以让会员招募工作如虎添翼。

会员招募策略

- 在会员制俱乐部实施之前，通过媒体广告宣传和公关活动，广泛宣传俱乐部，吸引目标客户群的注意力。
- 会员理事会首届理事聘请社会知名人士、社会活动家、商界名人等担任，以提升俱乐部的档次，通过理事会阵容，显示俱乐部的实力。
- 制造契机与著名企业共同举办大型公共或促销活动，迅速扩大俱乐部的知名度。
- 会员招募分批推出，并及时调整招募计划和入会费，使俱乐部收益最大化，从而保证招募活动的成功。

会员招募阶段规划

1. **准备期（会员俱乐部规划至开业前）**

- 利用各种新闻媒体，普及会员制俱乐部知识，宣传本俱乐部鲜明的特征。
- 吸引社会知名人士为本俱乐部出谋划策。
- 广泛收集、分析、调研潜在会员的市场信息，建立相关档案资料。

2. **开业期（在俱乐部开业前后一段时间）**

- 前期组织俱乐部理事会，通过名人参与，掀起公共宣传的高潮。
- 根据市场情况分批投放会员证，以折扣率调控投放的价格与进度。
- 通过会员介绍新会员。
- 联合其他经济、行业组织共同发行会员证，提高会员制的可信度。

实操案例

以大中学生为主要消费群的A体育用品连锁公司为了扩大会员的数量，特在暑假前推出了以下会员征集与推广措施。

15万会员招募策略

1. **吸纳旧会员**

我们建议各A体育用品连锁店由即日起，联络已失效的旧会员1000人（平均每日联络约30人），邀请他们登记成为“A体育用品连锁店”会员。各连锁店在对方口头应允下，即可更新其会员资料，并告知其立即领取会员证。

建议：此法不列入指标，只作为额外的试验计划。

2. **提升5%目标**

除各部门达到原定目标外，建议每个部门增加5%的目标，以避免因转换会籍或计算错误而导致未能达标。

建议：各部门自行调升目标5%。

3. 会员推荐计划

凡于9月1～30日期间成功推荐亲友入会的，均可获得现金优惠券，参与本会活动时作现金使用。

每成功推荐5位会员，可获20元优惠券。

每成功推荐10位会员，可获50元优惠券。

每成功推荐15位会员，可获80元优惠券。

每成功推荐20位会员，可获100元优惠券。

建议：由会籍发展组发出通告及宣传品，并负责支出。

4. 向学校宣传

任何学校，凡于9月前，成功安排200人登记成为会员，即可享受活动优惠，会籍发展组会送出总值6000元的领袖训练课程。

建议：有关活动内容会由青年空间提供，支出由会籍发展组负责。

5. 会员暑期积分优惠计划

由于暑期积分优惠计划于9月前仍可获取印花，并于10～12月兑换，这代表各部门均可以于9月借此吸纳会员。

6. 加强会员优惠的宣传

会籍发展组针对不同区域，设计不同种类的会员优惠海报，同时会籍发展组更会提供重要优惠的海报，再分发给各部门，以加强地区宣传。

7. 其他特别优惠计划

鼓励会员于9月15日前登记成为会员。

凡于9月1～15日期间登记成为会员的，每50位可获抽奖一次，得奖者可获名贵奖品一份。

建议：由会籍发展组发出通告及宣传品。

8. 更多会员优惠

会籍发展组会于8～9月推出一系列具吸引力的会员优惠，吸引更多人加入。包括：

名牌体育用品优惠商户（8月底推出）。

i－pod会员订购计划（8月底推出）。

公开大学及艺术学院学费优惠（9月底推出）。

建议：由会籍发展组发出通告及宣传品。

具体应用

会员征集与推广可以采用多种方式进行，例如会议推广、广告推广、活动推广、网站推广等。下面介绍三种最主要的推广方式：

会议推广

会议推广是指通过定期组织会议的形式与目标消费者进行有效沟通及向其展示企业形象，传递企业产品信息，逐步增进消费者对企业及产品的认知度、肯定度，最终促进购买的一种销售方式。

会议推广具有以下优势：

优势	说明
易操作、成本低，能避开激烈的广告竞争	会议本身有明显的运行规律，操作时间越长、经验越丰富，可模仿性越低，隐蔽性越强，可有效避开激烈的恶性竞争和政府管制，易实施，而与巨额的广告经费相比，成本较低
双向沟通，服务完善，与消费者面对面进行有效的沟通	及时了解并满足消费者的需求，解决他们遇到的问题，服务更高效
交流情感，提高忠诚度	定期与消费者联系、沟通，加深他们对企业的感情，对产品的了解和信任，不断提高目标消费群的忠诚度
营造气氛，促进购买	通过会议，把有购买意向的消费者聚在一起，集中购买，营造出一种购物氛围 。你买，他买，我也买，极大地调动了现场消费者的购买热情

会议推广所做的沟通是企业与其目标消费者之间进行的，有较强的针对性。其本质是与目标客户群进行信息沟通，从而赢得信任。

会议推广的意义——此销售方式注重产品的市场培育，无论是在淡季还是旺季，都能为企业未来产品的畅销打下坚实的基础，并创造良好的消费环境，它为企业与消费者之间架起一座沟通的桥梁，使产品的推广、宣传、销售、服务完美地结合在一起。

会议形式包括以下几种：

1. 户外促销活动

指选择在公园、广场等户外场所，以折价、赠送、现场展示等手段激发顾客的需求、促进其购买的活动。大型会议周期宜为每月一次，每次活动应选择好主题，对消费者非常有吸引力，能够带来实惠。

2. 室内主题讲座

指场地选择在影剧院、礼堂等，重在对忠诚顾客、潜在顾客传播与企业产品相关的主题活动。此类活动适合于条件比较成熟的市场，目的在于提高产品的知名度，树立企业的形象，把健康知识的传播与宣传品有机地结合在一起，增强产品的可信度。

3. 顾客联谊活动

指选择宾馆、招待所、会议室等室内场地，邀约目标顾客聚在一起，开展科普讲座、专家咨询、文艺表演等亲情服务活动。此活动适合于市场开发的初期及成熟期，在短时间内提高销量，有利于市场推广。

4. 社区活动

指在公园、干休所、居民区等社区开展免费咨询等活动。此活动适合于市场活动初期。目的：建立数据库，锁定消费群，开展此项工作时，应大范围地开展。

广告推广

在市场经济的今天，广告发挥着越来越重要的作用，选择合适的媒体进行宣传推广，可以起到扩大企业品牌知名度和有效促进产品销售的作用。企业在招募会员时，应根据媒体的特性合理地选择相关的广告媒体进行宣传，尽量以较低的成本取得最大的成效。

广告媒体主要有报纸媒体、杂志媒体、广播媒体、电视媒体、邮寄广告媒体和其他媒体。这些主要媒体在送达率、频率和影响价值方面互有差异。例如，电视的送达率比杂志高，户外广告的频率比杂志高，而杂志的影响比报纸大。

● 报纸

阅读报纸的阶层可以说是媒体中幅度最广泛的，且报纸配送地域明确，以定期订阅者为主要对象，可以说报纸是最有计划性的稳定的媒体。

报纸广告的优点主要体现在弹性大、灵活、及时，对当地市场的覆盖率高，易被接受和被信任。而其缺点则主要在于传递率低、保存性差、传真度差、广告版面太小易被忽视，对特定地域的广告不适宜。

● 杂志

杂志的长处在于它是被读者特意选购的，杂志有完好的保存性，广告生命长，有被读者相当长时间阅读的机会，且有较高的传阅率。

与报纸广告相比，杂志广告可以较低的费用覆盖全国市场，这也是其突出的特性之一。从杂志销售状况来看，有几乎集中于大都市的倾向，杂志广告与报纸一样，对特定地域的广告不适宜。当然，杂志中也有能够向特定地域刊登广告的兼具通融性的媒体。

总的来说，杂志的优点在于针对性强，选择性好，可信度高，并有一定的权威性，反复阅读率高，传读率高，保存期长。其缺点是广告购买前置时间长，有些发行量是无效的。

● 广播

广播的特性首推时效性。报纸由于广播的出现受到了很大的打击就是时效性被夺走，这以后广播一直以时效性为第一武器。广播具有的这个特性，在广告方面通过适时的广播广告被有效地利用了。

广播是适合个人喜好的媒体。由于电视的出现，广播把娱乐的首席地位让给了电视。但是，作为个人化的媒体，仍然占有重要的地位。对于人性化的媒体，当然有采取人性化的诉求方法的必要，给予听众以其他媒体不能得到的亲近感是尤为重要的。听众对于自己感兴趣的节目希望不受别人的妨碍，可以一个人欣赏。所以，广播广告应该强调对特殊阶层的诉求。

广播可以向全国，也可以向特定的地域做广告。发布全国性的广告，可以利用全国性的广播网。地方性广告则可利用地方性的广播电台。

总体来看，广播的优点在于信息传播迅速、及时，传播范围广泛，选择性较强，成本低。其缺点是只有声音传播，信息展露转瞬即逝，表现手法不如电视吸引人。

● 电视

电视是现代广告的主角，电视是现代所有媒体中最家庭化的娱乐媒体。因此，对视听者的亲近感也很强烈，是感动视觉和听觉两方面的媒体。通过将视听者吸引进画面，投入感情，对商品的理解也就很快，以动感能达到注视率高的表现。电视广告有其他媒体不可比拟的示范效果，常常成为话题的创意作品

也肯定被电视广告诱导出来。而且，通过电视的彩色影像，商品的视觉效果明显，销售效率也会飞速地提高。

电视媒体的主要优点是诉诸人的听觉和视觉，富有感染力，能引起高度注意，触及面广，送达率高。而主要缺点在于成本高、干扰多，信息转瞬即逝，选择性、针对性较差。

● 网络广告

网络广告，是广告业中新兴的一种广告媒体形式。店铺可通过以下两种方式做网络广告：一是建立企业自己的网址；二是向某网上的出版商购买一个广告空间。

（1）网络广告的优势。

> ➢ 传播范围最广：网络广告的传播不受时间和空间的限制，它通过国际互联网络把广告信息 24 小时不间断地传播到世界各地。这种效果是传统媒体无法达到的。
>
> ➢ 交互性强：它不同于传统媒体的信息单向传播，而是信息互动传播，用户可以获取他们认为有用的信息，厂商也可以随时得到宝贵的用户反馈信息。
>
> ➢ 针对性强：根据分析结果显示：网络广告的受众是年轻、有活力、受教育程度高、购买力强的群体，网络广告可以帮你直接命中最有可能的潜在用户。
>
> ➢ 受众数量可准确统计：在 Internet 上可通过权威公正的访客流量统计系统精确统计出每个广告被多少个用户看过，以及这些用户查阅的时间分布和地域分布，从而有助于客商正确评估广告效果，审定广告投放策略，让你在激烈的商战中把握先机。
>
> ➢ 实时、灵活、成本低：在 Internet 上做广告能按照需要及时变更广告内容。这样，经营决策的变化也能及时实施和推广。
>
> ➢ 强烈的感官性：网络广告的载体基本上是多媒体，图、文、声、像并茂，使消费者能亲身体验产品、服务与品牌，并能在网上预订、交易与结算，将大大增强网络广告的实效性。

（2）网络广告的局限性。

网络广告的局限性主要体现在以下两个方面：一方面网络广告的范围还比较狭窄；另一方面广告价格还不够规范。

● 其他媒体

除了报纸、杂志、广播、电视四大媒体之外，还有一些其他的广告媒体，如直接邮寄广告。直接邮寄广告的优点是针对性、选择性强，注意率、传读率、反复阅读率高，灵活性强，无同一媒体广告的竞争，人情味较重。其缺点在于成本较高、传播面积小、容易造成滥寄的现象。

综上所述，企业可以根据自己的预算，结合以上广告媒体的优缺点进行有选择性的广告投放，但总的来说，便宜高效的直邮广告和互联网广告应该是征集会员最佳的宣传推广方式。

现场推广

现场推广是与广告售点资源、导购推荐、软性宣传、促销相并列的一种现在比较流行的推广方式，它与其他的推广方式有效地结合在一起形成了一个有机的推广整体，能够在一定的范围内迅速提高品牌知名度，对促使品牌销量实现质的提升有着重要的作用。

因此，可以说现场推广是使消费者较快接收品牌信息，达成对品牌或者产品偏好的重要手段，也是会员制俱乐部征集会员最有效的招募方式之一。尤其当企业拥有自己品牌的零售网点时，在店内做现场推广活动招募会员，既可以有效吸引新会员，又可以节省大量成本。

要做好现场推广活动，一定要注意以下要点：

1. 确定活动主题。活动的主题必须让人一目了然。
2. 确定目标受众。
3. 确定活动地点和时间。
4. 确定推广形式。确定形式时不应被现有模式所拘谨，而应该突破传统从热点、焦点中找一些由头。例如，D 俱乐部开展的支持申奥万人签名活动不仅形式新颖而且贴近社会，值得借鉴。
5. 确定所需物品。仔细考虑举办现场推广活动所需的物品，并根据需要及费用预算列出详细的清单。
6. 确定参与人员。应该充分调动现场工作人员的积极性，使他们参与到整个活动中，而不仅仅让他们充当现场的一个服务员或解说员。
7. 布置现场。既要考虑美观大方有吸引力，又要考虑现场的安全性和稳定性。
8. 现场推广活动实施。

除上述推广方式获得会员外，更多的企业采用由产品（或服务）的消费者在消费额达到一定积累后自动转为俱乐部会员的方法，也有缴款入会的情况。

注意事项

企业根据不同的行业性质可以设计不同的会员营销方式，基于同一战略，因此有许多运作要点相似，会员制营销在征集会员及推广上应在以下几点给予特别重视：

与其他厂商或事业单位联合运作

会员营销是一项长期的持续的战略营销活动，从消费者得到信息到对企业或品牌认可以及对品牌一贯偏好的维持，商家要投入大量的人力、财力、物力，有时仅靠一己之力不能完成。而且由于回报速度慢，产出滞后性大，巨大的前期投入，往往使许多商家望而却步。

为了达到增加营销力度，实现优势互补，节约成本等目的，企业可以选择与其他商家合作，实现双赢，例如杂志社与化妆品公司的合作就是成功的范例。

固定周期性的沟通活动，产生效果的叠加作用

会员加入组织后，如果商家不积极地强化给予会员的权利，就会使会员淡化对品牌和企业形象的印象，致使商家的前期投入形成浪费。

招揽会员时要告知会员可获得的权益和具体项目

如果在招揽会员时，不明确其利益，而只是模糊地表示可以得到实惠或惊喜，这样就会在其心中留下疑虑，将信将疑的心理不利于忠实心理的形成。另外，会员获得利益的事实的客观公正性要传达给每一个会员，增强他们的信任。招揽顾客时使用的手段很多，经常使用的有：

a. 低价优待、折扣优惠。

b. 特殊服务：如定期互动期刊（其中可传达企业资讯、新产品动向、生活指导、会员反馈、提供再次沟通的机会等）。

c. 无偿服务：这样可淡化商业交易的气息，使其充满情感互助的人文内涵，使客户形成情感偏好，淡化对价格的敏感程度。

d. 年底分红及返还回报。

建立严谨的会员守则

会员营销是一项系统工程，在运作中会遇到许多问题，因此要给予前瞻性的预测，及时做好规划、考虑会籍、会员卡、设施服务、本会责任、会员偿付费用、更改守则、退会、开除、终止以及突发事件的处理原则等等，建立会员守则。

收集会员资料建立数据库

会员制营销的关键不是怎样将顾客揽在自己的身边，而是怎样进一步培养顾客的忠诚度。收集会员资料时要严格遵守公开原则，要说明目的及用途，经顾客同意后方可存储和使用。例如，收集资料时要说明是为了参加抽奖以及获得优惠折扣，这样可消除客户的戒备心理。

进一步明确顾客需求，加强沟通

持续培养顾客的忠诚度，就要进行双向沟通，明确其心理需求，总结不足，找出企业努力的方向，细分市场，甚至实行一对一的个性化服务，以用户需求为导向不断创新，不断超越。

5 信息情报应用

对店铺经营而言，收集和分析顾客资源、了解自己与竞争对手在销售和服务中的差别等信息情报，是促进销售、提升业绩的有效途径。

零售巨头沃尔玛公司非常重视零售信息系统的建设与应用，正是在信息技术的支持下，沃尔玛能够以最低的成本、最优质的服务、最快速的管理反应进行全球运作。沃尔玛成功将每一台收银机上的顾客信息收集起来，再反馈到供应商那里，其10000多家供应商能随时得到沃尔玛2500家店铺每种商品的销售情况，每天传输的分析数据高达1000万笔，为此沃尔玛公司中心处理器的存储容量仅次于五角大楼。

5.1 POS 系统商品信息

在门店的日常经营中，每天会产生大量信息，而这些信息背后蕴藏着丰富的经营技巧和市场规律。关键是如何把它们找出来，并应用到店铺日常的经营中去。POS 系统能够对顾客、门店的销售情况，以及门店员工管理等方面进行综合分析。

比如休闲服装店一天卖出了 100 件衣服，就要分析这些衣服是上午卖得多，还是下午卖得多？是一个人买走了，还是许多人买走了？分析这些数据显然将有助于店长有针对性地进货和调配库存。

建立有行业实用性的 POS 系统，能够为门店带来准确数字和人工统计费用的降低以及报表自动化生成，好的系统可以加快物流速度和提升分析功能。

核心概要

以前零售业使用的常规收银机只能处理简单收银、发票、结账等简单销售作业，只能得到销售总金额、部门销售基本统计等有限的资料。而对于各种商品的基本经营情报：如营业毛利分析、单品销售资料、畅滞销商品、商品库存、回转率等却无法获得。

为了解决上述零售业管理盲点，以及在激烈的竞争中提高自身的竞争力，各大零售终端纷纷引入商业 POS 系统。

什么是 POS 系统

POS（Point of Sales）也称为销售点情报管理系统，它的主要任务是对商品

交易提供服务和实时管理。它以后台计算机和商品条码为基础，以扫描器为基本工具，配合 POS 周边设备，辅助收银员完成商品销售所构成的销售管理系统，它以 POS 终端、POS 系统软件、系统服务器及相应的通信软件组成，将零售门店各单品的销售资讯或退货、分送等各环节有关资料输入计算机，然后处理、加工并传给有关部门，是经营者能够有效利用的系统。

POS 系统是整个门店信息管理系统的基础，是以商品条形码为基础的，包括商品销售、存货盘点、财务分析、采购订货等信息的存储器。POS 系统除能提供精确销售情报外，透过销售记录还能掌握卖场上所有单品库存量供采购部门参考或与 EOS 系统连接，是现代零售管理的必备工具。

POS 系统的特征

POS 系统主要具有以下特征：

特征	说明
单品管理	指一个具体的商品种类、品牌、型号规格、分类包装等最低一级的分类
自动读取	指商品销售资料的自动读取
销售时输入数据	指要求商店的 POS 系统在每一个商品售出的同时输入并整理有关的销售数据资料
集中管理	POS 系统要求对各种商品销售信息的集中管理

POS 系统的功能

POS 系统主要具有以下功能：

功能	说明
对商品实行单品管理	其基本过程包括：商品的验收进货入库→由仓库到销售现场的商品传输→销售出货。在这一过程的任何商品的一切资料均纳入计算机管理，没有重复与遗漏，这是商业 POS 系统使用成功的基础
采购管理	POS 系统通过对安全库存的控制，提供商品采购比价和历史销售信息，使商品采购的决定更加合理，从而能有效地控制进货与库存的成本
进货验收	利用采购单逐笔进行对所采购的商品验收，并在 POS 系统的终端计算机上将采购单修正为进货单，并直接由后台计算机修正总库存量及打印会计传票等

（续表）

功能	说明
库存及销售现场管理	所采购的商品验收后，可依计算机指示位置入库，也可根据每日销售报表将适当数量的商品从仓库补充到销售现场的陈列位置，既可避免商场缺货又不使商品的陈列太多
销售管理	由电子收银机提供商品销售单价，也可随时按需进行变价、折扣、赠送等促销处理，并将有关的数据随时输入计算机
盘点作业	利用 POS 系统的盘点机可以随时对商品进行盘点
厂商管理	通过 POS 系统对厂商进行管理
会计作业	利用 POS 系统进行会计作业
销售分析报表	通过 POS 系统的报表生成模块生成所需报表，随时掌握商场的状态，例如商品销售明细，会员消费明细等等
商店员工管理	POS 系统的附加功能，可以对商店的员工进行日常的管理

POS 系统数据分析的作用

作用	说明
有助于正确地、快速地作出市场决策	只有及时掌握了市场及顾客的需求情况及其变化规律，才能根据消费者对营销方案的反应，迅速调整商品的组合及库存能力，调整商品的价格能力、改变促销策略，提高商品周转速度，减少商品积压
有助于及时了解营销计划的执行结果	通过对商品销售数据的分析，可及时反映销售计划完成的情况，有助于营业人员分析销售过程中存在的问题，为提高销售业绩及服务水平提供依据和对策

实操案例

张慧的饰品店近期想引进一套 POS 系统，于是找到开了 5 家品牌服装连锁店的好朋友刘灵取经。

张慧："我经营着成千上万种饰品，但每月连最基本的销售数据都没有，卖出去多少、库存多少都只能大概估算一个数字，以至于过去的一年里除了赚到了一堆货之外，基本没有什么盈利。所以，我痛下决心，一定要改变这种现状，你在这方面有丰富的经验，你说我应该怎么做?"

"在店铺的经营管理过程中，会产生大量的与营销有关的数据信息，这些数据信息是我们制订订货、补货、促销计划，调整经营措施的基本依据。五年前，我们就已经在所有终端店铺安装了专业的服装销售软件并进行联网，在公司营销中心还配备了专业的数据分析员进行及时的数据分析并作出对策。这些科学的数据分析有助于我们逐渐克服经验营销导致的局限性或对经验营销者的过度依赖性，形成科学营销的新理念，提升品牌和店铺的市场认识能力、市场管理能力和市场适应能力。"刘灵说得头头是道。

"我了解到引进 POS 系统并不困难，市场上适合中小型零售店铺的 POS 系统也不少，但我想知道引进后如何应用?"张慧说。

刘灵："POS 系统的用处可大了，首先从货品销售数据分析中可以找到最简单、最直观，也是最重要的数据——畅销款（即在一定时间内销量较大的款式）与滞销款（即在一定时间内销量较小的款式）。

在对畅滞销款的分析上，从时间上一般按每周、每月、每季；从款式上一般按整体款式和各类别款式来分。畅滞销款式的分析首先可以提高订货的审美观和对所操作品牌风格定位的更准确把握，多次的畅滞销款分析在订货时对各款式的审美判断能力会大有帮助；畅滞销款式的分析对各款式的补货判断会有较大帮助，在对相同类别的款式的销售进行对比后，再结合库存，可以判断出需要补货的量，以快速补货，可以减少因缺货而带来的损失，并能提高单款的利润贡献率；畅滞销款分析还可以查验陈列、导购推介的程度，如在某款订货数量较多，销售却较少的情况下，则首先应检查该款的陈列是否在重点位置、导购是否重点去推介该款；畅滞销款分析可以及时、准确地对滞销款进行促销，以加速资金回笼、减少库存带来的损失。"

张慧："听了你的话，我真是茅塞顿开，终于明白为什么自己辛苦一年却只得到一堆滞销货了。"

刘灵："POS 系统的数据分析除了可以告诉我们商品的畅销及滞销程度外，还可以帮助我们对营业时间进行分析。一般同一地区的店铺营业时间都是差不多的，但中间的班次安排可能有所区别。这就要求我们对每个时间段的进店人数、试穿人数、成交票数和金额等进行分析，从而得出哪些时间段的进店率、进店试穿率和试穿成交率更高，通过准确的数据分析来合理调整工作时间和工作安排，能有效促进员工工作激情和销售增长。

另外，我们还可以通过 POS 系统对重点的老顾客进行消费特点、消费频率和消费金额的分析，从而制定更有针对性的个性化服务，例如进行短信祝福、新货及促销活动的通知、VIP 专属特权、生日及节日礼物等工作，对老顾客的品牌忠诚度、回头频率等都会有较大的提升。"

具体应用

在目前这个以市场为导向和顾客至上的环境下，如果店长不能快速准确地掌握门店的营运状况，诸如：卖掉什么？卖了多少？什么时段顾客最多？什么样的顾客来买……要确实掌握这些有效的数据，只有依赖于销售源头——门店 POS 系统，以便能及时制定相应的销售策略。

单店管理系统

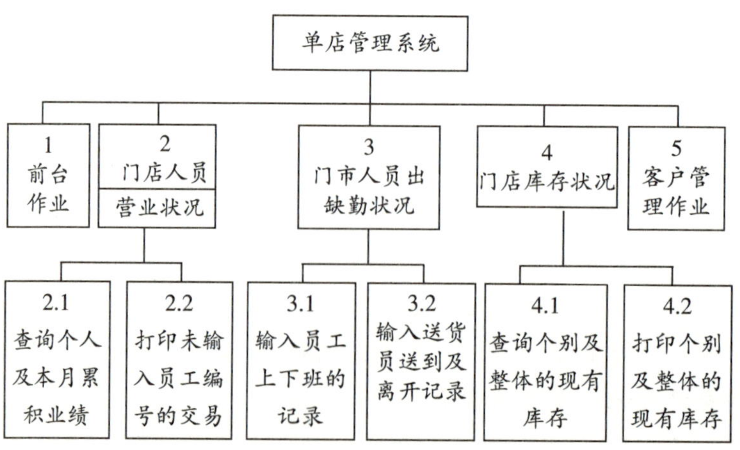

作业内容

- 建立收银机单价资料。
- 传送货品（销售、退货）、客户资料。
- 接收货品（进、缺货）、客户销售资料。
- 新品建立与现场售价变更。
- 查询收银机交易状况。
- 查询时段交易状况。
- 查询、打印（销售明细表）。
- 查询顾客交易状况。
- 查询、打印（收银机结账总表）。

销售状况分析

- 商品分析，如畅销排行榜、滞销排行榜。
- 时段分析：周一至周五、周六、周日。
- 个人业绩排行榜。
- 变价资料登记表。
- 折扣资料登录表。
- 客户基本资料表（累积金额、换卡日期、发卡日期、月份生日名单、客户基本资料）。

商品信息分析和利用

店长应充分利用上述收集来的信息，通过分析和整理，作为专卖店营运管理决策的重要依据。

- 通过有关的商品信息，并抓住商品流行的趋势，作为促销活动及订货的参考。
- 通过有关的消费者的信息，划分出顾客层次，决定专卖店商品应有的组合。使商品组合满足顾客多样化要求，并清晰地界定出主力商品、补充商品、季节性商品、特价商品等。
- 通过对销售中每一品种商品的销售数据、顾客信息反馈的分析，清晰地界定出主力商品、补充商品、季节性商品、特价商品等。
- 通过对销售中每一品种商品的销售数据、顾客信息反馈、市场商品流行趋势的分析，将好卖的商品追加订货及补货。

注意事项

由于 POS 系统在应用上具有时间长、次数多、频率高等特点，所以在选购和使用 POS 系统时应注意以下事项。

选购 POS 系统的基本要求

在信息技术飞速发展的今天，性能稳定、功能强大的 POS 系统，其在市场上的竞争力更强，对门店的帮助更大。在选购 POS 系统时要注意以下要求：

要求	说明
稳定性高	POS 系统的稳定性高才不会经常发生故障
防尘	由于门店的灰尘污染比较大，因此要求 POS 系统的防尘性能好
防震	门店的人流量通常很大，容易发生碰撞和震动，POS 系统需具有防震功能
耐高温	夏天气温高，以及有的门店没装空调，都会影响 POS 系统的运作
防水	门店人员有不小心将茶水溅到收款机上，因此需能防水

POS 系统选用的原则

以下是选用安装 POS 系统时需要考虑的一般原则：

原则	说明
性能/价格比要佳	• 硬件是否可靠性高，是否具有较高的抗干扰能力 • 机具性能若干年内不落后 • 机具是否符合国际行业规范，是否具有良好的扩充性 • 能否兼容已有的运行环境 • 安全性及保密性如何
技术服务和技术培训要跟上	• 开发集成商是否稳定可靠，服务体系是否完整 • 开发集成商的技术队伍是否兢兢业业 • 开发集成商的服务精神是否始终如一
购买单位本身因素	• 资金投入量的大小 • 早期所购设备是否得到厂商的进一步支持，是否必须闲置等 • 使用人员素质如何

5.2 顾客信息

吸引顾客、留住顾客是门店经营的终极目标。随着零售业的快速发展，门店相互之间的竞争也越来越激烈，对顾客的争夺成为门店竞争的焦点。顾客已成为门店最为宝贵的战略资源，谁拥有了顾客，谁就掌握了竞争的主动权。

因此，对顾客信息进行收集与应用，对于门店提高自身的经营管理与服务水平，满足并超越顾客需求，从而达到顾客满意的经营目标具有重要的现实意义。

核心概要

传统店铺认为最重要的竞争资源是人、财、物，而现代先进的店铺认为是顾客。因此，店铺必须做到像了解商品一样了解顾客，像了解库存变化一样了解顾客的变化。没有完整的顾客资料，店铺的经营是无法想象的，对顾客信息的收集越完整，为店铺经营提供的空间就越大。

为什么要收集与应用顾客信息

事实证明，利用顾客信息与顾客对象直接接触有助于商家营造双向、长期稳定的顾客关系。与顾客进行有选择的、直接的、对话型的沟通，进而提供持续的、与竞争对手不同的服务，由此才能培育和维系顾客，创造更多的买卖机会。

收集与应用顾客信息可以起到以下作用：

- 使门店的销售活动更具有针对性。
- 优化产品结构，合理进行卖场布局。
- 强化供应链，提高物流效率，减少物流成本。

顾客信息的含义与分类

顾客信息又称为顾客数据，是顾客特征、需求、购买、消费等各个方面的一系列相关信息的总称。一般包括顾客的姓名、年龄、身份、住址、电话等，当然还包括顾客对产品的需求偏好、消费习惯等。

对于门店而言，顾客是一个数量庞大的群体，相应的顾客信息也是成千上万，一般可以按照以下标准进行分类。

分类标准	顾客信息细分
按顾客行为分类	顾客购买信息、顾客需求信息、顾客消费信息等
按顾客特征分类	顾客构成信息、顾客信用信息、顾客分布信息等
按顾客的消费状况分类	现有顾客信息、潜在顾客信息等

除了以上分类之外，还可以根据顾客心理、顾客性质、顾客对企业的利润贡献等进行分类。

顾客信息的基本资料

顾客信息是实现商家与顾客进行不受距离限制的直接接触的基本条件。门店对顾客信息的收集，应包括以下内容：顾客的基本信息，顾客对产品质量、售价的评价，对售前、售中、售后服务的评价，顾客对产品的需求和期望等。

● 顾客的基本信息

姓名
性别
年龄
婚否
学历
职业
工作单位
职务
收入所得

住址、邮编
电话、手机、电子邮箱
家庭成员
家庭经济
文化水准
兴趣爱好
使用频率
消费习惯

● 顾客的购买信息

包括顾客所购商品的名称、规格、型号、价格、数量等。

● 顾客的其他信息

顾客对门店或商品的要求、建议、意见，购买过程的长短、选择在本店购买的原因等。

实操案例

以经营男女高级职业装为主的国内知名品牌S专卖店准备入驻A市档次最高的一家Shopping Mall，S专卖店的目标客户为28~45岁、消费能力较强且追求时尚的白领一族。

如何一炮打响，与顾客建立起良好的客情关系呢？S专卖店的店长韦岚为此绞尽脑汁。

“如果能够取得Shopping Mall现有的部分高端顾客资源，那么S专卖店的开业就能赢在起跑线上了！”韦岚于是请求S品牌的大区经理与该Mall沟通，并通过一系列的努力，拿到了一个最宝贵的数据库——该Mall会员中心消费最高的前5000名会员的名单及详细联系方式，这些会员的年消费能力均在万元以上，与S店的目标客群相吻合。

如何利用好这部分顾客资源呢？韦岚对这份数据进行了深刻的挖掘和利用：

1. 在5000个名单中找到年龄比较适合目标客户的人士，并给他们一一寄去了一份S品牌的时尚月刊。

2. 通过移动通信运营商给这份名单中的所有人的手机发了一条关于S品牌登陆该市的短信息。

3. 给这份名单中的前50名送去了一份开幕请柬。

韦岚之所以这样做，主要是想充分利用有限的广告费用，直接将信息传递给目标客群。除此之外，总公司在该市部分媒体投放了开业前期广告进行造势。

以上举措使得S专卖店开业大获成功，此次对顾客数据库营销的充分利用，使韦岚明白了顾客数据的重要！韦岚开始着手建立本专卖店的顾客数据库。他要求每个营业员都要尽可能地留下顾客的详细档案数据及购买偏好，并且设计了EXCEL表格，从而实现了简单的计算机数据库：顾客档案表。

顾客档案表包括顾客的姓名、性别、手机、电话、生日、通信地址、购买日期及款式、二次购买日期及款式、月度购买频次、建档人等基本内容。

顾客档案表是一个非常简单的表格，如果营业员可以说服顾客留下前五项信息的话，那么这个人的完全档案就会呈现在我们面前。有些顾客不愿意留下自己过多的资料，韦岚的营业员就会说服他留下姓名和手机号码，告诉他专卖店会定期跟老顾客回访；如果留下通信地址，可以不定期收到S品牌的时尚月刊；留下生日日期的话，可以在生日时得到一份意想不到的生日礼品；如果将全部信息留下的话，还可以参加S品牌年度幸运顾客大抽奖呢！当然，顾客只能够看到表格中的前五项，后面的几项是由营业员在计算机里直接操作的。

这里最重要的信息就是顾客姓名和手机号码，手机作为一种最为普及的通信工具，城市居民的手机普及率超过了80%，而且S品牌的目标顾客消费能力较强，手机是他们最重要的通信工具之一！可以通过手机短信给他们发送最新促销信息，可以进行一对一营销，可以在节日期间发送贺词短信，以增进感情！

相对于Mall提供的那份数据库，这个自己建立的数据库更为实用，韦岚觉得如果顾客实现了首次购买，那么就可以实现多次购买和重复购买。经过半年的运行，数据库已经记录了上千个顾客信息，韦岚会根据顾客购买频次和偏好进行分析，然后用自己的手机给不同的顾客发出不同的短信息，期望他们继续来店购买，而且在每个服装换季的时候，韦岚都会通过自己在网上注册的手机短信服务给每位老顾客发短信告知，利用这种点对点的即时沟通，费用十分低廉。他会给购买频次较高的顾客寄送S品牌时尚月刊，在春节、圣诞节等一些节日还会寄贺卡给他们。通过一系列的努力，韦岚牢牢抓住了一批忠诚的顾客。

根据80/20原则，韦岚通过数据库中的购买频次的多少将顾客分类，与创造80%销售额的那20%顾客进行一对一管理！比如：A顾客是购买频次较多的顾客，每次来购物时，韦岚都会要求B营业员进行服务。这样通过一次次的接触，A与B之间就会逐渐熟络起来。B对A的了解不会简单地停留在顾客数据库那些基本信息上，韦岚会帮助B

如何建立与A的朋友关系：生日时，韦岚会让B以私人的名义给A送去一份小礼品。当然，韦岚也会以专卖店和店长的身份再送一份小礼品给A；B会注意与A的每一次接触，将他（她）的个人爱好等私人信息记住，并且在出其不意的地方使其惊喜，从而加深关系，促进购买频次！

韦岚并不是把所有的顾客管理都下放给营业员，因为如果营业员离职就会造成顾客的流失。韦岚的做法是：自己与所有的顾客都建立起关系，让所有的顾客在接受礼品时，都知道这是S品牌的礼品，并不是单纯的私人赠予，韦岚会以店长的身份不定期地进行一对一回访，加深关系。

通过上面几个方面的顾客管理，韦岚的S品牌专卖店吸引了大量的回头客，销售额和利润率也一再攀高！

具体应用

在信息技术高度发展的今天，掌握一定数量的顾客信息，可以帮助门店把握顾客类型及其消费心理，引导顾客的消费行为，从而销售更多商品、提升销售业绩。因此，店铺和企业越来越重视顾客信息的收集和利用，包括顾客数据库的建立和应用。

顾客信息收集与应用的流程

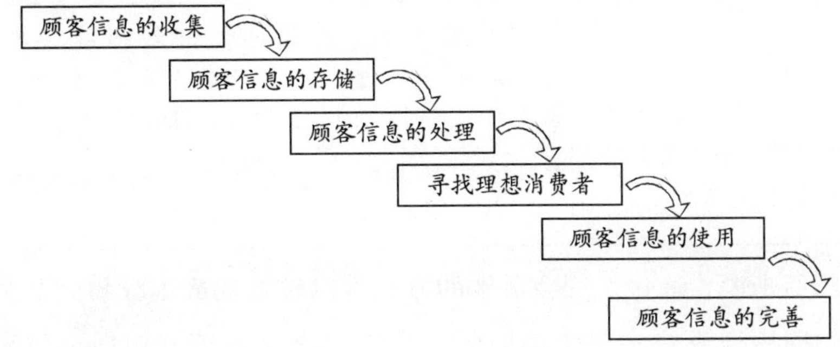

收集顾客信息的方法

顾客信息的收集是获取信息的第一步，只有拥有足够量的信息，才有可能对顾客进行深入的分析。门店顾客信息的收集方法一般可划分为直接法及间接法。

● 直接收集法

直接收集法是指门店通过自身的努力，来获取顾客的相关信息，通常主要有以下几种途径。

途径	说明
请顾客自己填写	顾客在购物时或购物后填写的“顾客资料卡”、“服务信誉卡”等
从各类单据中收集顾客信息	找出所有单据，如送货记录、维修记录、预订记录、投诉记录、有奖销售记录、顾客垂询记录、顾客问卷，以及购货合同等等，这些票据上的内容就含有顾客信息。将所有信息全部记录下来，按照年龄、性别、居住地等进行分类，形成初步顾客信息系统
通过发行会员卡收集顾客信息	吸引顾客主动申请成为会员，通过磁卡对顾客信息进行跟踪管理。顾客的档案及每次在商店的消费记录通过会员卡输入计算机系统，并由计算机累积存储
通过门店的 POS 系统收集顾客信息	通过门店的 POS 系统可以快捷地了解顾客购买的商品种类、数量、单价等方面的信息
通过设立专门的服务机构收集顾客信息	例如，设立全国免费服务电话、顾客服务中心等来收集顾客信息
通过门店现场收集	当顾客到店里购物时，询问他们的问题，并记录下来。这是最基本的方法，也是最有效的方法，或者通过门店现场促销活动散发问卷等活动获取
营业员现场观察记录	当顾客到店里购物时，营业员观察他们的反应并记录下来

对于门店来说，通过发行会员卡的方式可以较低的成本收集到非常有用的顾客数据。门店在发行会员卡的时候，可以要求顾客填写包括证件号码、住址、电话等基本资料，当顾客使用会员卡购买商品时，只要在收款时刷一下会员卡，就可以将顾客的采购信息记录在相应的数据库中。

● 间接收集法

间接收集法是指门店通过外力来获取顾客信息，通常主要有以下两种途径。

途径	说明
委托其他机构收集	例如委托专业的市场调查公司、咨询公司等，通过发放问卷、实地调查等方式进行市场调研，来收集顾客信息
通过查阅公开的资料收集	例如查阅行业报告、报纸、杂志、互联网等来收集顾客信息
异业购买或交换	与客层相同的异业单位进行客户信息交换或购买，例如婴儿用品专卖店与妇幼医院、早教、宝宝摄影机构交换或购买相关顾客数据

直接收集法由于是企业通过自身直接了解顾客，因此往往更贴近现实，具有较大的可信度，但是这一方法也有很大的缺陷，那就是只能对企业的现实顾客进行观察、研究，却很难了解到企业潜在顾客的情况，而使用间接收集法获取顾客信息在很大程度上能够弥补这一缺陷。

顾客信息搜集的实施

门店越来越重视对顾客信息的收集和分析，准确把握顾客需求，并以此作为经营定位、营销策略和商品采购的依据。顾客信息的收集可以从以下三个方面着手。

● 顾客意见调查表

顾客意见调查表是门店广泛采用的一种获取顾客信息的方式。其具体做法是将设计好具体问题的意见征求表格放置于收银台或其他易于被顾客拿取的地方，由顾客自行填写并投入门店设置的意见收集箱或交至收银台。

顾客意见调查问卷

调查日期：______年____月____日

尊敬的顾客：

非常感谢您光临A西餐厅，为求提供给您尽善尽美的服务及舒适愉悦的用餐体验，我们需要您的宝贵意见和建议，顾客意见信息的有效获取，是我们提高自身的管理、服务水平及食品质量的依据，以便我们做得更好！您所留下的个人资料是我们作为寄赠礼物之用，因此您无需担心资料外泄，请放心填写。

另本餐厅每月抽出5张调查问卷，被抽中的顾客将得到精美的小礼物。非常感谢您的热心协助及合作！

您今天用餐的品目是：

请留下您的：

姓名：__________ 性别：□男 □女

职业：__________ 电话：________________

邮箱：__________ 通信地址：________________

您今天的感受：请根据满意度在相应的分数上画"√"，满意度越高分数越高。

产品	5分	4分	3分	2分	1分
服务	5分	4分	3分	2分	1分
产品品质：	□	□	□	□	□
服务周到：	□	□	□	□	□
产品分量：	□	□	□	□	□
服务快速：	□	□	□	□	□
产品口味：	□	□	□	□	□
礼貌态度：	□	□	□	□	□
产品丰富度：	□	□	□	□	□
衣装整洁：	□	□	□	□	□
环境	5分	4分	3分	2分	1分
卫生	5分	4分	3分	2分	1分
温度舒适：	□	□	□	□	□
餐具：	□	□	□	□	□
环境舒适：	□	□	□	□	□

桌椅： □ □ □ □ □

音乐音量： □ □ □ □ □

地面： □ □ □ □ □

就餐设施： □ □ □ □ □

环境： □ □ □ □ □

价值 5 分 4 分 3 分 2 分 1 分

价格适中： □ □ □ □ □

物有所值： □ □ □ □ □

其他

您对于西餐厅总体就餐的感受？□5 分 □4 分 □3 分 □2 分 □1 分

您是否愿意再次到本西餐厅就餐？ □愿意 □不愿意

您是否愿意向其他人推荐本西餐厅？ □愿意 □不愿意

您最喜欢本西餐厅的产品是：

您到本西餐厅用餐的时间间隔？□第一次 □一周两次或以上 □一周一次 □一个月两次或以上 □一个月一次 □2～6 个月一次 □6 个月或以上一次

您属于哪个年龄段？□14 岁或以下 □15～24 岁 □25～34 岁 □35～44 岁 □45 岁以上

您的月收入？□5000 元以上 □3000～5000 元 □2000～3000 元 □1000～2000 元 □1000 元以下

您今天用餐的时间？□10:00～12:00 □12:00～14:00 □14:00～17:30 □17:30～22:00

您认为我们如何做才能更好？

____

____

再次感谢您的支持与配合！

A 西餐厅客服中心

采用顾客意见调查表这种调查方式的优缺点在于：

优缺点	说明
优点	（1）由顾客自愿提供信息，是对顾客打扰最少的一种调查方式 （2）信息搜集的范围广泛，几乎所有的顾客皆可容易地取到此表 （3）信息由顾客自愿填写，客观性比较强 （4）意见调查表的内容由门店设计，可获取的信息量比较大
缺点	（1）顾客对此种方式习以为常，顾客提供意见的热情不是很大 （2）顾客大多只在调查表上选择答案，往往很难进一步了解顾客的感受与想法，能够获取的信息深度不够 （3）调查信息的准确性及收集的频率易受顾客情绪的影响，如顾客倾向于在特别不满或特别满意时才填写意见调查表

● 电话拜访调查

电话拜访调查可以单独使用，也可以结合销售电话同时使用，或因为要了解或澄清一项特别的事情而使用。有些电话调查是根据设计好的问题而进行的，有些电话调查的自由度与随意性比较大，如门店店长或主管打给老顾客的拜访电话。

优缺点	说明
优点	（1）如果时间允许而且顾客与门店关系较好时，可以与顾客谈到比较深层次的问题，更详细地了解顾客的想法 （2）效率比较高，节省调查费用
缺点	（1）对顾客的打扰比较大，有些顾客回答调查问题时可能不耐烦 （2）调查的准确性受调查者的主观愿望与素质的影响大，对调查者的能力要求较高 （3）由于只能凭声音沟通，有时会误解对方的意思，或对对方的表述理解不深

● 现场访问

现场访问又称为突击访问，即门店相关人员抓住与顾客会面的短暂机会尽可能多地获取顾客的意见、看法。现场访问是门店获得顾客意见的一种最重要的调查方法，店长应善于抓住并创造机会展开对顾客的现场访问调查。事实上，可以利用的机会很多，例如：

（1）针对特殊顾客的现场访问。例如：

A. 对 VIP 顾客在迎来送往中的现场访问；

B. 对某营业时段内消费大户的现场访问（如店长对大单顾客的礼节性拜访）；

C. 对特殊敏感人群的现场访问；

D. 对门店的熟客进行现场访问。

（2）针对不同地点的现场访问。例如：

A. 利用顾客办理结账手续的时间询问几个简短的问题；

B. VIP 顾客生日时店长上门拜访；

C. 在店内随机访谈。

（3）针对特殊时刻的现场访问。例如，顾客投诉对于门店来讲，是服务工作中的一个“特殊时刻”，门店工作人员应充分重视这一顾客主动提供的进行“现场访问”的绝佳时机，抱着一种积极的心态，让顾客畅所欲言。

现场访问的具有以下优缺点：

优缺点	说明
优点	（1）现场访问的最大优点在于它就发生在服务与消费的现场，顾客对服务产品的印象还十分鲜活、深刻，往往能提出一些平时被忽略但又十分重要的细节问题 （2）现场访问是与顾客建立长期关系，维持顾客忠诚的一个重要方法。尤其是在顾客感受到特别的礼遇或顾客反映的问题被很好地解决时 （3）管理人员对顾客的现场访问给门店工作人员传递了一个再明确不过的信息：本店是重视顾客与顾客意见的
缺点	（1）现场访问收集到的信息不易保存，如没有一套科学的信息收集、反馈系统，很可能随着访问人的遗忘而消失得无影无踪 （2）现场访问要掌握好一个“度”的问题，注意区分时间、场合、气氛、对象是否适合进行现场访问，并要把握好谈话的时间与分寸 （3）现场访问由于时间条件所限，往往不能全面、深刻地展开调查

建立顾客数据库的步骤

以前收集顾客信息的主要途径是通过开会员卡获得的，但向顾客寄送因人而异的信件和发送不同时期的促销内容并不是应用顾客信息的全部，因为建立完善的顾客数据库管理的目标是区分最重要的长期顾客与那些“贪小便宜”的顾客，后一类顾客喜欢占减价优惠的便宜，但对店铺的盈利却贡献甚少。

成功的顾客数据库应用意味着了解每一位顾客的特定需求，并且不断地直接与他们交流，以尽量增加销售机会。门店建立顾客数据库的步骤如下：

1. 以门店现有档案建立首批顾客数据库；

2. 通过促销活动或终端活动的建立，收集好目标顾客群名单后，依据经济状况、购买习惯、偏好程度细分顾客群；

3. 数据库信息分类统计处理；

4. 制订首期促销活动方案，主要规避细分市场的竞争；

5. 跟踪购买后，消费者的变化及销售反馈；

6. 将反馈信息整理，围绕特征性销售发掘、提炼广告素材，推出新的广告诉求点；

7. 占有市场，继续开发潜在顾客群。

门店建立顾客信息数据库，需要具备以下配置：

1. 数据库信息中心、硬件系统最基本的包括微机与程序；

2. 顾客通信录，包括生日等一系列情感资料。

3. 顾客信息调研表，确定顾客的消费偏好。

4. 数据库销售服务项目。

5. 产品宣传，促销活动资料及其他宣传资料。

顾客信息的应用

顾客信息的充分应用，是拉近店铺和消费者距离、建立双向沟通渠道、掌握消费趋势、树立企业良好形象的有效方法。同时，还可以帮助店铺掌握消费者动态，建立顾客坚实的向心力和忠诚度，从而培养长期顾客并拓展新客源。

● 确立目标顾客群

经过一段时间之后，门店就可以对顾客的购买信息加以整理分析，通过顾客采购商品的档次、品牌、数量、消费金额、采购时间、采购次数等可以大致判断出用户的消费模式、生活方式、消费水平以及对价格和促销的敏感程度等等。

通过对这些数据进行的分类分析，就可以将顾客划分为多个不同的消费群体，并从中找出目标顾客群。目标顾客群一般由一次交易达 ×××× 元以上

的大宗顾客和忠诚度高、长期到本店消费的老顾客组成。

目标顾客群的确立对于门店的管理和促销具有重要的价值，因为可以根据这些顾客的特征确定商品的采购数量和促销时机以及方式、频率等。

● 找出重点顾客

通过顾客购买的记录，找出门店的四类重点顾客，包括忠诚顾客、好顾客、主力顾客、大顾客。

重点顾客类型	说明
忠诚顾客	是指对本店忠诚度很高的顾客，这种顾客在惯性消费下，对本店忠心不二
好顾客	即配合度高、议价空间大的顾客。这些顾客更注重购物的便利性、时效性，因此，店铺应以售后服务追踪等电话访问方式，建立其对本店的好感度与信任度
团购顾客	大顾客采购数量大，多为公司或企事业单位，在春节，中秋等相关节庆时会为店铺带来很大的收益
主力顾客	是指每一时节支撑业绩的支点。不同的季节、节庆有不同的消费族群，如何掌握每一段消费高峰的主力顾客，也是店铺开拓业绩的利器

● 建立融洽的客情关系

门店与顾客之间建立亲密的客情关系，除了能强化顾客的忠诚度，还可以增加门店的经营效益，建立核心竞争优势。换句话讲，通过顾客资料系统的运作，可以为门店建立有效的防护罩。

建立客情关系的方式	说明
DM 寄发	完整的客户资料可以让门店的每一次促销都达到弹无虚发的目的。店长可直接通过顾客数据库系统打印基本客户资料，如姓名、地址、电话、性别、出生年月日等，供邮寄 DM 使用
电话营销	对店铺而言，掌握顾客名单能让其发挥电话营销功能，商品使用情况访查，让老顾客提前享受促销优惠，新商品资讯的提供等，都是店铺建立客情的方式

（续表）

建立客情关系的方式	说明
追踪服务	店铺可以通过客户名单进一步作出分析，看哪些顾客超过一段期限，如半年或一年没来购物，并辅以电话沟通。一方面可表达店铺的关怀，树立顾客的店铺好感；另一方面，主动追踪可以增加游离老顾客的回流率，有助于店铺基石的巩固
制造惊喜	给顾客一定的惊喜，如生日卡寄送、过节小礼品问候等都是建立顾客情谊的妙方。惊喜强调出其不意，让顾客感受到店铺无微不至的体贴心意，从而建立对店铺的好感和忠诚

注意事项

顾客信息收集的注意事项

在收集目标顾客资料的过程中，应注意如下事项：

1. 注意隐含的、间接的顾客信息。

2. 顾客是会流动的，持续的信息积累可以让门店顾客信息收集工作始终保持在积极的状态。

3. 注意多种开发工具的综合使用，力争搜集更全面的顾客信息。

4. 对已获得的顾客信息要及时记录（保存）下来，以免因忘记而遗漏，因为记忆有时候是靠不住的。

5. 在看待和记录顾客信息时应客观，不能凭个人好恶筛选。

以上做法将会为收集目标顾客资料的行动带来一系列的方便，并且能保证所收集来的目标顾客资料的质量。

顾客信息筛选的注意事项

在顾客信息筛选的过程中，要注意信息的真实性和客观性，尽量避免目标顾客的流失，确保对目标顾客资料的利用率和培养的成功率。为此，要注意以下几点：

1. 要确认无效的顾客资料。
2. 顾客资料的传递要表格化管理。
3. 顾客资料的使用要责任化管理。

顾客信息的维护

维护要点	说明
动态管理	顾客的情况是不断变化的，所以顾客资料也要不断加以调整。若发觉顾客资料有异动时，要立即填写顾客异动卡，及时删除旧的或已变化了的资料，补充新的资料。对顾客的变化进行跟踪，使顾客资料管理保持动态性
顾客资料需专人负责，至少保管三年	顾客资料只供内部使用，不宜外泄，所以须制定保管的规定和办法，由专人负责管理，对顾客资料的利用和借阅要严格按规章制度执行

5.3 竞争对手情报

所谓“知己知彼，百战不殆”，这句话形象地道出了商战中掌握竞争对手情报的重要意义。对于门店的经营者而言，只有随时注意收集竞争对手的情报，才能及时掌握竞争对手的经营动向，发现本店经营管理上存在的不足与问题，进而制定出有效的对策和方案。

因此竞争对手的调查工作是经营上不可或缺的，如果能够持续性地开展对竞争对手的调查工作，则门店更能掌握竞争的主动性。

核心概要

顾客的购买力是有限的，他们花钱买了某种商品后，在一段时间内除非有特别的需要，否则是不会再买该商品的。所以对竞争对手进行有效调查，可以让自己的店铺经营赢得先机，成为顾客购物的首选对象。

竞争对手调查的五大作用

对竞争对手进行调查的目的，在于分析自己门店与竞争对手门店在日常经营上的差异与对策，可以起到以下作用：

- 对门店经营可能出现的机遇和危险提供早期预警。
- 为门店经营提供战略决策支持。
- 为门店经营提供战术决策支持。
- 对竞争对手的动向进行监控和评估。
- 提供知己知彼的情报。

竞争对手调查的重点

掌握了竞争对手的经营动向，才能做到心中有数，随机应变作出应对决策。竞争对手调查的重点包括：

调查项目	说明
顾客群	从对顾客的观察和商品结构掌握得知
主力商品	从商品的陈列方式、陈列的数量、POP广告、广告传单等方面掌握得知
价格的波动幅度	从商品的价格、广告传单等方面掌握得知
待客方式	从对售货员的观察、商店的观察、广告传单等方面掌握得知
店内格局、陈列的方式、色彩、照明	从对商店的观察掌握得知

经营者最好能得到竞争对手的以下信息：

- 总体营业额。
- 各部门的营业额。
- 销售现场的效率。
- 顾客每人购买的平均额和来客数。

要成为门店的经营高手，就必须在收集信息、分析信息上下一番工夫，掌握竞争对手最前沿的信息，为自己门店的经营销售服务。

收集竞争对手情报的渠道

渠道类型	详细说明
公开渠道	报纸杂志
	产业研究报告
	工商企业名录
	互联网数据
	行业协会出版物
	政府各级管理机构公开信息

（续表）

渠道类型	详细说明
非公开渠道	竞争对手的内部员工
	竞争对手的顾客
	竞争对手的供货商
	竞争对手的内刊、促销资料等
	竞争对手的招聘广告
	行业协会（行业会议）

实操案例

王丽芳在广州天河北路开了一家超市，虽然地段及装修都不错，价格也地道，但生意却清淡。为了找出超市经营的症结所在，王丽芳决定组织店员对周围的竞争对手进行明察暗访，以便及时掌握竞争对手的最新动态，对自己的经营策略作出相应调整。

“要做调查，首先要明确应该调查谁，也就是先找出谁是我们的竞争对手。”王丽芳在动员大会上首先发言。

“要确定竞争对手，可以采用以下两种方法：

一是采用商圈法划定竞争范围，即以自身为中心，向外辐射3公里商圈内的同类型卖场，定义为竞争对手。具体划分方法如下：1公里——亲爱的芳邻（势在必得区）；2公里——竞争最激烈（大意不得区）；3公里——游移不决（极力笼络区）；3公里以上——慕名而来（形象成功区）。

二是用顾客满意度调查甄别重点竞争者，即通过问卷调查来甄别。问卷上询问：除了来我们这里购物，您通常还会选择：A. ××超市；B. ××仓储；C. ××量贩。然后，按照顾客选择的比例来确定重点竞争对手。

这两种方法层层推进，用数据作依据，最后能客观地找出竞争对手。”市场部陈经理给出了确定竞争对手的方法。

“那我们具体应该调查什么内容呢？”店员甲。

陈经理："调查的内容主要包括三个方面：第一个方面是对店铺的调查，主要竞争对手地理位置及店面形象的优劣、营业面积的大小、店面诉求力的强弱、店堂的销售氛围，以及店内装潢设备的好坏等。

"第二个方面是对商品的调查，包括商品构成的丰富与否、商品种类与品目的齐全性、商品品质的好坏，以及流行性、价格等。

"第三个方面是对服务的调查，包括服务措施是否到位、导购的销售意愿及能力的高低、店内环境是否清洁，以及接待顾客的设备机能等。"

"那么多项目的调查，怎么记得住呢？"店员乙感到很困惑。

陈经理："为了使调查的结果能有效形成一套系统性的资料，我们会制作一份详细的竞争对手调查表，包括三部分内容：第一部分为调查的项目；第二部分为竞争对手与本店针对调查项目的优劣点评价；第三部分为调查事项的特别记载，以便在每一调查时点都能对所有调查结果进行有系统的重点记录。"

"有了这样一份调查表，我们操作起来就比较容易了！"店员丙。

具体应用

同行竞争在所难免，如果能及时掌握竞争店的经营动向，就可以为自身门店的经营管理提供宝贵的决策信息。所以，有效地调查竞争对手的卖场，是经营上重要的课题。对竞争对手的调查应包括以下几个方面：

竞争对手调查步骤与目标

零售业竞争激烈，谁是你的竞争对手？店长应该了解竞争对手的哪些信息？店铺对竞争对手的了解目前处于哪个阶段？门店可以根据以下步骤去确定竞争对手的调查目标。

第六阶段	引导竞争对手的行为
第五阶段	"破译"竞争对手的战略意图
第四阶段	掌握竞争对手的方向
第三阶段	分析竞争对手的状况
第二阶段	描述竞争对手的状况
第一阶段	列出竞争对手的名单

门店可以从以下各个方面全面把握竞争对手的现状以及发展预期。

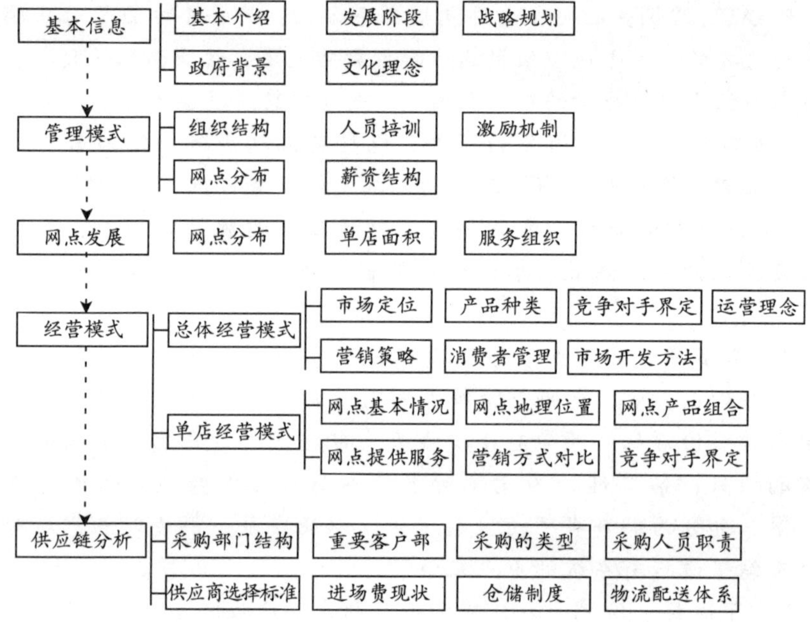

竞争对手调查的实施

竞争对手对我们的销售有着非常大的影响，所以店长要多走出去，多观察一下当地的整体市场，多了解以下五个方面竞争对手的情报，并将收集到的数据进行记录归档。

● 对竞争对手门口的调查

- 店铺门口是否举办具有吸引力的活动，是否有特卖，其活动的主题与诉求是否有效？同时配合观察 POP 广告及橱窗展示的表现，并且区分冷清区与人潮拥挤区之间的差别和理由。
- 是否具有诱导顾客想进入该店铺的设置，有哪些设置且其效果如何？
- 站在店铺门口感觉该店形象如何？若有良好的店面形象，可作为自家店的参考，并考虑展出的商品内容是否配合该店形象。
- 将该店过路客与驻足客、驻足客与入店客、过路客与入店客之间的比率与自家店的数字作比较，尤其是时间别、星期别、期间别的比较。
- 分析店门口过路客的客层别与入店客的客层别，究竟有何差别，借以了解其特性。
- 通过以上观察与调查后，可将资料作比较整理，同时更进一步了解该店的业绩、营运方针等，以便作更深入的综合分析。

● 竞争对手卖场调查的重点

- 从哪个角度看卖场视野最佳，包括卖场的构成、手扶电梯、楼梯及各主要通道，是否均很明显。学习竞争店活用死角的方法和可值得借鉴的地方，如卖场收银台的位置是否很明显，是否必须刻意才能找到。
- 顾客出入的情况如何？观察卖场通道的顾客出入量和出入速度，以了解顾客在竞争对手内的移动情况。把竞争对手卖场的顾客人数与自家店作比较，可依时间、星期和月份做不同的统计。
- 顾客若仅集中在某个特定的区间时，其原因何在？例如可深入观察该特定区间顾客特别多是否因为商品内容丰富，经过分析后，可考虑自家店收集此类商品的可行性。
- 观察每个区间的卖场，其构成的主要商品系列及品目的比率，以及其间的配置是否适当，优缺点何在；卖场的运用面积及配置情形，是否配合商品系列与品目的构成。
- 为了唤起顾客的购买欲望，相关的商品是否采取特别展示陈列，若此商品自家也有的话，相比之下谁家较强。
- 观察营业人员的服务态度及言谈举止留给顾客的印象；观察营业人员在闲暇时做些什么事情，在忙碌的时候，其待客态度又如何。

● 竞争对手商品类别调查

- 观察具有个性的商品群表现的诉求方法，并与自家店作比较。如：收集特大号尺寸的服装，对于客层的设定以及色彩、款式的种类，是否比其他同业更具丰富感？在价格线的设定上如何？在陈列的表现上是否能让顾客一目了然。
- 卖场构成的形态如何，是否将商品内容作有效的分类，经过分类后的商品在卖场内是否发生作用，其在功能、形态、规格等的分类表现上是否对顾客产生吸引力，应针对其优点与缺点深入的观察。

● 竞争对手商品收集调查

- 观察竞争对手卖场是否具有主力商品群，每个区间的主力商品群销售的情况如何，主力性商品、辅助性商品、展示性商品或特卖性商品组成比率如何，并分析其商品收集方针及销售重点。
- 观察该店是否经常开发新的商品或收集新鲜商品，在商品收集方面是否考虑统一性、互补性及收集幅度如何，每年换季大特卖的方式是否有定形或改变，并与自家店作比较。
- 调查自家店与竞争对手同时都有收集的商品，或者自家店有收集而竞争店没有收集的商品，以及自家店没有收集而竞争店有收集的商品，列举其中几项加以比较，并作为分析商品收集力强弱的资料。

● 竞争对手促销调查

- 促销主题的选择。
- 促销商品的选择。
- 促销区域的陈列与布置。
- 促销的形式。
- 促销强度分析。

获取竞争对手情报的方法

因此，必须经常注意观察，最好的方法是把能掌握的信息记下来，日积月累就成为能够活用的重要资料。

调查方法	说明
试买调查	试买调查，是作为实际的顾客在竞争对手买东西，然后调查其店内的陈列状况、店铺布局、商品结构、顾客层、接客态度和服务状况等
团体面谈法	将本店以外的顾客召集起来，以团体形式听取竞争对手的情况。这种调查由专门的调查员来进行，将他店的长处、利用他店的理由等内容与竞争对手调查内容无关的一般调查项目混合在一起，听取意见。应当注意的是，不要让顾客感到这是在调查其他商店

（续表）

调查方法	说明
观察法	站在竞争店的店前，观察顾客人数、促销状况、商品陈列以及推算其主要商品的销售额。这时必须注意的是千万不要让竞争店意识到这是在调查其商店
家庭访问法	调查员访问顾客的家庭，了解各竞争对手的情况，至于访问哪些家庭可以通过抽样决定。通过调查顾客经常光顾的是哪个竞争店，其理由是什么等可以推算竞争店的销售额，分析其市场占有率
电话调查法	以电话调查的形式，了解竞争店的情况。由于电话调查时间不能太长，所以必须准备一个简明扼要的调查提纲

竞争对手调查项目检核表

竞争对手调查项目检核表

项目	调查要素
商品力	商品组合如何？有哪些商品类别 各类别主力商品是什么？辅助性商品和关联性商品是什么？在店铺中是如何配置？分配比率如何 与品牌专卖店相互竞争的商品是哪些？在那些要素上形成竞争（价格、材料、促销手段等）
商品展示陈列与动线	商品展示与主题 生活方式的展示与主题 商品分类是否易看、易买、易卖呢？其分类方法如何 商品陈列之关联性如何 主力商品的配置与面积 主通道、副通道的宽度与位置？是否通畅 楼面的视野是否具穿透性，而无阻隔 观察他店活用死角及值得借鉴之处 顾客若集中在某个区域，观察其原因何在？是否有特殊魅力商品 收银台位置是否恰当

（续表）

项目	调查要素
促销	宣传广告的内容是什么？广告在卖场位置是否明显 促销海报、POP广告的诉求方式 商店门口是否具有吸引过路客的效果 是否举办具有吸引力的主题活动？主题与诉求点是否一致？POP广告及橱窗展示与该活动主题一致 特卖时期商品种类、组合以及气氛的塑造 是否有叫卖或限时抢购方式？效果如何？对商店的形象是否有不良影响
营业额	依收银机发票序号估算实际购买顾客数（分平日与假日）：实际购买顾客数×平均单价=营业额 依卖场平方数来推算：平均平方数×卖场平方数=营业额 依商圈内消费市场占有率 卖场面积占有率具体列明推算 依收银台开机数及兼职人员数量推算 依消耗品调查（如包装袋、包装纸、发票、包装盒……）推算 了解补货频率与数量
顾客服务	店员闲暇时，做些什么事情？忙碌时店员待客态度如何？应对得体吗 店员的商品知识充足吗？能推荐合适商品并快速成交吗 处理换、退货及顾客抱怨合宜吗 商品包装迅速并美观吗 收款的方式正确吗 卖场清洁确实做到了吗 能通过推荐商品和陈列技术提高商品和服务的价值感吗

注意事项

对竞争对手进行调查，是为了掌握竞争对手的经营动向，从而找出战胜竞争对手的方法。因此，在掌握竞争对手的情报后，应注意以下事项。

注意几项原则

1. 发现竞争对手具有某项优点，而自己门店没有时，在准备学习模仿之前，必须深入检讨自己是否具有消化竞争对手优点的体质，否则若一味地仿效，反而有可能会弄巧成拙。

2. 确保掌握自己店内问题的扼要点，以作为发掘竞争对手灵感的指标。

3. 以竞争对手的情况为借鉴，检讨自己是否有类似的情形。

4. 若发现竞争对手与自身门店具有共同的优点时，尽量想办法将这项优点塑造出差异化。如果发现有共同的缺点，则应迅速加以改进。

注意五项工作重点

为了取得竞争对手的各项相关信息，以便拟定出正确的对策，门店必须注意下列五项工作重点：

- 定期反复的观察竞争对手的动向及其变化。
- 要具有敏锐的观察力。
- 为了取得更多的信息资料，最好建立外部其他信息的来源，同时要具有从这些资料中选出正确信息的能力。
- 通过观察与信息资料的判断，借以预测竞争对手的动态。
- 根据预测，着手拟订相应的对策。

6
门店绩效评估与提升

俗语说“生意做遍，不如开店”。尽管开店是一项进入门槛不高，相对来说比较容易经营的生意。但开店容易盈利难，我国每年有数以万计的零售门店开业，但每年关门倒闭的几乎占了1/3！零售店新陈代谢的频率之高、速度之快实在令人震惊！

对于大多数店铺的经营者来说，定期对门店的经营绩效进行评估，把各种经营绩效的项目及程序规格化、标准化，不但可以及时掌握门店绩效的高低，而且可以就绩效评估的结果进行改进，减少浪费、增加利润。而当发现营业状况不理想，甚至出现亏损时，可以及时根据门店的实际情况制定扭亏为盈的措施与方案，扭转败局。

6.1　门店绩效评估

核心概要

门店绩效评估是一个控制和反馈的过程，它调节门店中员工的工作目标和行为，使个人目标和组织目标趋于一致。

何谓门店绩效评估

门店绩效评估是指为实现门店的整体目标，通过一定的评估方法来衡量门店日常营运所表现的结果，以检查经营目标的完成情况。而且，通过相应的绩效评估，可以了解门店的运营情况和未来发展趋势，并进行必要的改进和完善工作，如对亏损店的扭亏为盈作业等。

绩效评估的作用

- 更正营运管理决策的错误，避免资源的浪费，作为门店政策成效的审核、经营管理的指标及经营改进的方向。
- 促进门店业绩的持续发展和激发员工们的潜力发挥。
- 建立业绩目标和评估绩效的方法正规化。
- 上司与下属的关系变得更融洽。
- 增进员工的忠诚度。

门店绩效评估的标准的设定

绩效评估标准由经营目标的设定转化而来，由未来经营发展方向及营业目标换算为合理、可以考评的数据，因此必须考虑到实际的可行性和选择合适的执行方式。同时，考评标准是否被员工接受、数据本身是否有价值、是否符合目标的设定，以及是否有时间进度等都是标准设置所必须考虑的条件。

一项有效的门店绩效评估标准必须符合下列条件：

条件	说明
必须具有挑战性及可达成	有挑战性的绩效标准，一方面可以配合营业竞赛激励员工达成；另一方面可激发员工的潜力增加绩效。绩效标准必须是员工的能力所能达成的，否则就失去意义，甚至会削弱员工的士气，产生反效果
经过管理者及执行者双方同意	绩效标准必须经过高层管理者、绩效审核者及店铺执行主管的共同研究调整，没有经过双方同意的绩效标准会降低它的效果。因为由营业部门所提议的绩效标准不一定能顾及整体的需求，而高层主管的意见则容易忽略执行细节与实施的困难，所以一定要综合两方的意见，寻求兼顾双方利益的平衡点
具体而且可以考评衡量	绩效标准必须能加以数量化，无法数量化的标准在审核时，会引起不必要的困扰及争端，如果衡量的标准是以个人意见或以经验来衡量，结果一定会因为不容易计算而使员工产生不满或困惑的情绪
必须备有明确的时间限制	绩效标准应该附带明确的时间期限，以便提供考评审核，如以每个月的销售额做标准
简单易懂便于计算	如牵涉奖金，必须有一个可计算的公式，以减少因为计算困难而产生的纠纷，绩效标准必须要使营业人员方便计算
有助于持续性改善	必须能对下一次的考评有比对的效果，才有意义。如果没有持续比较的功能，只能用于专案类的特殊事件，并不适合一般的经营绩效标准

门店绩效评估的项目指标

门店绩效评估的项目，是用来衡量经营绩效、成功关键因素或衡量工作服务品质及成果的。绩效项目的评估必须容易理解，计算方式固定，能反映实际，不受外部条件的影响。

常用的门店绩效评估项目如下：

评估项目	说明
营业额	根据不同的时间来记录，比如每日、每周、每旬、每月、每季或每年的营业额；也有以特别的活动，比如说周年折扣期间的营业额作为考评项目的，这是最常用的经营绩效考评项目
利润额	利润额一般指毛利额、净利额及投资报酬率。毛利指营业额扣除成本费用后的税前毛利额，这种考评项目虽然比较偏财务方面，但也是营运中追求的重要指标。毛利扣除税金后的净额，才是门店实际赚取的利润，也就是营运的成果。但是净利的计算较为复杂，往往不是营业部门所能计算的，多半由财务会计部门在季末计算
费用额	指维持运作所耗的资金及成本，一般包括租金、折旧、人事费用、营运费用等。一个高营业额的门店，如果费用也高，就会抵消它的利润，与经营绩效最直接的就是营业费用
成长率	指与历史数据的比较，实务上常与去年同期的数据比较，比如营业额成长率、市场占有率、重要商品成长率等
业绩达成率	一般门店都会在新年度开始前制订不同的营业目标，销售额与预定目标的比例即为达成率，由达成率可以知道实际的销售状况
空间效益	将营业额除以门店的面积数，由此项可看出每单位空间所提供的效益。但是小面积数的卖场效益会比较高，例如百货公司内的专卖店，所以此项仅为参考，不能作为主要的绩效考评项目
员工贡献效益	营业额除以营业人数，由此可以看出每位员工的平均绩效。但这不是客观而公平的评估项目
商品效率	指退货率、损坏率、商品周转率、平均库存等，与商品有关的绩效项目。商品效率虽然和营运有间接关联，但是可以由这些考评项目审核营运的品质
销售分析资料	指来店客数、平均客单价及时段营业额等的店铺销售资料

实操案例

老刘的便利店开业三个月以来，每天只有两三百元的营业额，交了市场管理费和店铺租金后，就所剩无几了，几乎是在亏本经营。为此，老刘苦恼不已。

为了改变便利店的盈利状况，老刘决定对自己的店作一次比较全面的评估。老刘从顾客的满意度评估着手，通过问卷的方式对顾客进行调查，内容包括店员的服务态度、商品的质量与价格、促销方式、门店环境的整洁度等。

评估的结果发现，老刘的便利店之所以不受顾客的青睐，最重要的原因是商品的价格与其他便利店相比没有竞争力，而且几乎从来不做促销活动。知道原因之后，老刘便开始考察市场，寻找突破口。

春节快到了，老刘到市里最大的超市去考察，发现那个超市正在搞促销活动，很多商品都以特价出售。东北大米每千克竟然只卖1.36元。老刘做了好几个月的生意，对许多商品的价格了如指掌，他知道超市卖的东北大米是零利润！这个价格不但没有一点利润，还要付出人工成本，这是什么道理呢？

看着超市里熙熙攘攘的顾客，老刘突然间明白了，大超市和大商场卖特价商品，并不是为了盈利，而是在靠低价吸引顾客！少数的特价商品不但可以吸引很多的顾客上门，而且会让顾客有这里所有的商品都比其他地方的商品便宜的错觉，从而对其他商品也产生购买的欲望。大部分顾客在购买特价商品的同时，都会买一些别的东西，而这就是那些大商场和超市的利润点！难怪那些商家总是热衷于特价促销！

老刘恍然大悟。他想，如果自己的便利店也采用大超市的这种营销策略，不是就能起死回生了吗？说干就干，老刘粗略地统计了店里所有商品的类别和数目，拿出了毛巾、袜子、纯净水和香烟等40种小商品来做特价促销品，这些促销品占所有商品的1/20左右。接着，在店门口立了一个醒目的告示牌，上面写着特价商品的种类和促销价。

当顾客半信半疑地走进他的便利店，发现这里的特价商品果然比别家的价格低20%～30%。结果，他那天的生意比往常火暴很多，顾客像走马灯似地络绎不绝。一天下来，营业额竟是以前的十几倍！虽然卖出去的许多东西是零利润，但附带着卖出去的其他商品也是平时的几倍。也就是说，利润也是平时的几倍！

老刘很快就发现，好的开始带来了连锁效应：他的东西卖得多，在批发商那里进货也多了，批发价格上就会有较大的优惠。因此，老刘的运作成本就降低了；商品看上去比别人的新，也就更有卖相。就这样，所有的环节都进入了良性循环的状态。

具体应用

门店绩效评估是一个持续的管理过程，也是一种防止门店绩效不佳和提高门店绩效的工具，必须由管理者和员工以共同合作的方式来完成。

门店绩效评估流程

门店绩效的评估有三种形式：

> - 月评估：每月考评一次并提出报告，一般每月10日为考评时间。
> - 季评估：每季（4月、7月、10月、1月）综合当季各月成绩评选。
> - 年总评：每年1月10日综合当年各季度成绩评选。

其评估流程如下图所示：

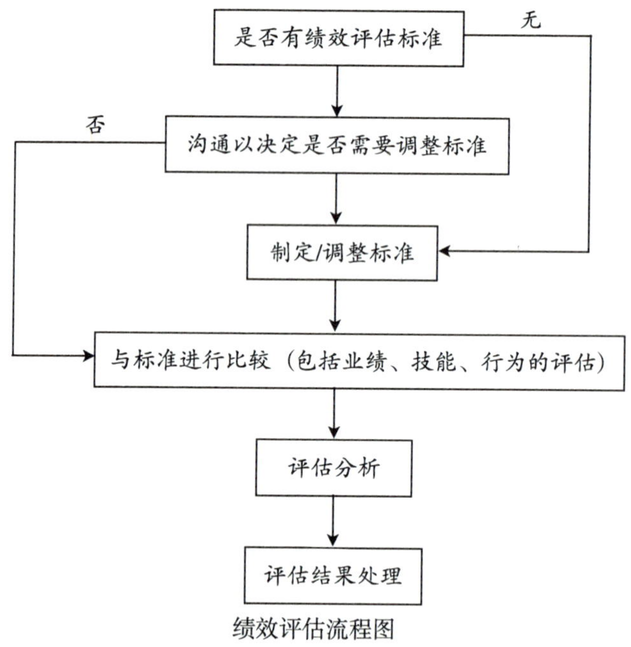

绩效评估流程图

门店绩效评估的方法

门店绩效评估具体有以下几种方法：

评估方法	说明
实地评核	由评核小组人员到各门店现场实际评核
资料评核	依据财务部门等提供的有关资料评核
抽查评核	利用不定期抽查或以神秘顾客的身份到各店进行调查
竞赛评核	由评核小组针对促销活动或店竞赛活动期间进行综合评估，评估结果计入年度总评核中
顾客满意度的评核	通过电话访问、问卷两种调查方式对顾客就顾客满意度的相关内容进行调查及评核

门店绩效评估的工具

店铺经营绩效的例行评估包括对人员士气与服务、商品管理、环境整洁度和财务管理四个方面内容的评估分析。

人员士气、服务评估表

评估对象：________店　　　　　　　　　　　　　年　　月　　日

项目	员工士气、服务评估	评分	优	良	合格	差
			5	2	1	0
1	每月是否依规定轮值班、休假					
2	员工请假率是否太高					
3	每日的营业时间是否按规定进行					
4	每日的工作早会是否召开					
5	员工的出勤是否按照规定					
6	员工出勤是否根据规定打卡					
7	公司各项训练是否参加					
8	是否有落实追踪教育训练的执行					
9	员工是否善用公物，爱惜资源					
10	员工对店内设备操作是否熟悉					
11	员工的服装仪容是否合乎规定					
12	员工是否穿着规定的制服					
13	是否有迎客及送客招呼					
14	对待顾客时，是否亲切有礼					
15	是否发生触犯卖场禁忌的事项					
16	员工的服务态度是否主动					
17	员工是否熟悉应对用语及技巧					

（续表）

项目	员工士气、服务评估	评分	优	良	合格	差
			5	2	1	0
18	员工的个人物品是否放置在指定位置					
19	是否按规定填写表单并确实执行					
20	店长是否每日填写店长日志					
合计得分						

商品管理评估表

评核对象：________店　　　　年　　月　　日

项目	商品管理	评分	极佳	佳	尚可	差
			5	2	1	0
1	商品是否按先进先出原则处理					
2	报废损耗商品是否填入报表					
3	商品进货明细及单据是否保存完整					
4	店铺是否有商品缺货而员工不知的情况					
5	进货的商品整理是否依分类置于指定处					
6	储物架是否存在商品过期损坏但仍放置形象					
7	原物料、包材、工具是否按规定摆放					
8	员工是否熟知商品的基本常识					
9	设备保养与维护方式是否按规定执行					
10	商品的原料、包材是否备齐					
11	是否经常发生缺货现象					
12	商品不足时是否立刻补充					
13	会员卡、DM单是否随时补充					
14	商品的包装材料是否按规定执行					
15	销售商品是否按规定逐笔输入收银机					
16	是否按订货规定（时间、流程）订货					
17	是否发生私自向外厂商订货					
18	商品制作程序是否正确、迅速					
19	商品包装是否干净、迅速					
20	是否存在出售变质商品的现象					
21	新品上柜程序是否正确、迅速					
合计得分						

环境整洁评估表

评估对象：________店　　　　　　　　　　　　　　年　　月　　日

项目	环境评核	评分	极佳	佳	尚可	差
			5	2	1	0
1	店门口是否整洁					
2	价目表、招牌是否整洁					
3	陈列台是否保持清洁					
4	设备、器具是否整洁、摆放合乎规定					
5	天花板、地板是否保持整洁					
6	营运设备是否定期维护保养					
7	营运器具、设备是否在使用后立刻清洗					
8	办公室（仓库）是否保持整洁					
9	清洁工具是否按规定放置					
10	海报、POP、标价卡是否按规定放置					
11	卖场是否按规定播放音乐					
12	空调、灯光是否按规定开启					
13	柜台是否保持整齐、干净					
14	卖场环境是否保持整齐、干净					
15	卖场仓库是否保持整齐、干净					
16	是否备有伞架（桶）、脚踏垫等防水工具					
合计得分						

钱财管理评估表

评估对象：________店　　　　　　　　　　　　　　年　　月　　日

项目	钱财管理	评分	极佳	佳	尚可	差
			5	2	1	0
1	是否每日填写日报表					
2	收银员是否唱收唱付，服务过程清晰准确					
3	收银员是否有识别伪钞的能力					
4	打烊时是否常有收支不符的现象					
5	交接班是否严格按规定执行					
6	是否经常有错开发票的情况					
7	财务人员是否按时上交销售收入表单					
8	财务账实是否相符					
9	财务分工是否明确					

（续表）

项目	钱财管理	评分	极佳	佳	尚可	差
			5	2	1	0
10	是否经常出现因财务工作影响营运的状况					
11	财务账务管理是否清晰					
12	表单是否整理到位					
13	有无重大财务管理疏漏事件记录					
14	收银是否常无零钱可找					
15	是否按时将前一天的营业款进行盘点交接					
16	顾客未取走的单据是否按规定处理					
合计得分						

门店绩效评估结果及处理

- 每个月对店铺进行一次例行考评。
- 例行考评（包含不定期考评×N次）的总平均分数×40%＋绩效考评之总分数×60%＝总得分
- 不定期考评，其考评结果列为例行考评时总计分内，但因不定期，故有考评时才计分。
- 考评的结果需经受评单位签认。

附：考评分级表：

店的评级	
等级	总得分
A级店	90分以上
B级店	80～90分
C级店	70～80分
D级店	60～70分
自强店	60分以下

- 被评为A、B、C级的店铺，可采用奖励方案进行奖励，每次的方式都可以有变化，这样不仅可达到实质奖励作用，也可兼具竞赛效果。
- 被评为D级店或E级店，则应列入店铺扭亏自强计划处理。若超过三个月仍无起色，就应考虑是否迁店或关店。

年度绩效评估指标权重参照表

<table>
<tr><th colspan="2">指标类别</th><th>分指标</th><th>分值</th><th>计算方法</th><th>备注</th></tr>
<tr><td rowspan="6">财务指标</td><td rowspan="3">经营指标</td><td>毛利</td><td>30 分</td><td>30 分×（实际毛利÷计划毛利）</td><td></td></tr>
<tr><td>销售收入</td><td>15 分</td><td>15 分×（实际销售收入÷计划销售收入）</td><td></td></tr>
<tr><td>变动费用</td><td>15 分</td><td>15 分×（计划变动费用÷实际变动费用）</td><td></td></tr>
<tr><td rowspan="3">库存指标</td><td>商品处理损失率</td><td>5 分</td><td>每次比计划高 0.2‰，扣 1 分</td><td></td></tr>
<tr><td>存货周转次数</td><td>5 分</td><td>每次比计划低 1 次扣 1 分</td><td></td></tr>
<tr><td>不良库存分流率</td><td>5 分</td><td>100% 以上为满分，每次比计划低 2% 扣 1 分</td><td></td></tr>
<tr><td rowspan="3">非财务指标</td><td colspan="2">成长潜力</td><td>5 分</td><td>考核市场份额增长率、主推品牌收入比重、员工建议数、员工人均收益及增长率、员工满意度、团队建设、员工培训等</td><td rowspan="3">（1）三个非财务指标分别分为五个等级：一级 5 分，二级 4 分，三级 3 分，四级 2 分，五级 1 分。考评实行关键业绩指标对比排序法，根据排序结果，经考评小组综合平衡后纳入相应等级
（2）非财务指标实行雷区激励，如有触雷情况，视情节轻重给予 0.5～3 分扣分，如考核期内不遵守公司规定，无故拖欠员工工资，可给予扣 1 分/次；顾客投诉扣 0.5 分/次等。雷区激励可根据日常检查或年终检查结果进行</td></tr>
<tr><td colspan="2">顾客满意</td><td>5 分</td><td>考核顾客满意度指数、顾客投诉比率、服务升级、顾客调查排名等</td></tr>
<tr><td colspan="2">内部管理</td><td>7 分</td><td>例行考核内部管理的规范性及时效性、营销中心管理、管理升级、安全事件指数等</td></tr>
<tr><td colspan="3">总经理综合评价</td><td>8 分</td><td>考核任职能力、勤勉义务、对总公司的作用与贡献、发展潜力、职业道德</td><td>年终进行</td></tr>
</table>

门店绩效评估与奖励实施

古语有云："重奖之下必有勇夫！"奖励是大家公认最有效的激励措施之一，把奖励与绩效考评结合起来，可以刺激营业人员的士气，推动人员发挥潜力，进而达到高业绩的方法。奖励必须考虑比例、次数、奖励和时段，奖励的分配及选择。

● 奖励的比例

奖励要造成差别化，使绩效高的人员获得较高的奖励，吸引人员不断朝上发展，但名额不宜太多，以免使奖励显得不突出而降低效果。

除了按比例给予的奖金外，奖励的奖项数量不宜超过5个，最高的奖励人数不宜超过现有员工的1/10，以免因为数量太多、太容易获得而失去吸引力。

● 奖励的时机

奖励的时间不宜过短，期限太短使得效率改进困难，容易使人放弃，奖励时机一般有下列两种：

奖励的时机	说明
立即奖励	达到标准则立刻给予奖励。如每月核发的业绩奖金，对于各种目标达成如销售件数的目标、销售额的目标，常在达到目标的时间立刻奖励
延后奖励	通常是对成果的奖励，如利润达成奖金、年终考评等。对于需要一段时间才能知道结果的活动期间奖励，多半是在活动结束或核算后，才会进行奖励

● 奖励的分配方式

奖励的分配是指分配的方法及对象，分配基本有定额法、比率法及混合法三种，分配的对象一般可分为个人和团体。

分配方式	分类	说明
分配的方法	定额法	指达成目标即可以获得定额的奖励，比如一般的业绩奖金，都是以达到营业额就有某个固定额的奖金
	比率法	指按营业额提供一定比例的奖励，比如以营业额的1%为业绩奖金
	混合法	可以参照以上两种，或其他的公式换算，比如在预定目标内的营业额是以定额奖金，但是超出预定目标的营业额就可以领取特定比率的业绩奖金
分配的对象	个人	指以个人为考评及奖励的对象，有奖励是针对个人的表现发放或给予
	团体	指以部门或店铺整体作为考评或奖励的对象，比如说部门奖金，针对店铺或小组的奖状、奖杯等

● 奖励方式的选择

对于奖励必须要针对不同的需求加以设计，并不是每一种奖励对每一种状况都适合。选择奖励项目的原则具体如下：

- 对参加人员要具备吸引力。
- 达到不同目标的要求。
- 必须使竞争者有足够的时间作改变。
- 必须依绩效的表现给予不同的奖励。

注意事项

门店要成功运用绩效评估这一工具并非易事，在实践中需注意以下要点：

注意评估方法的适用性

运用绩效评估不是赶时髦，对于门店来说，没有最好的绩效评价工具，只有最适合自己的评价工具。因此，因地制宜、顺势而为，选择适合自己门店的绩效评估方法，方为明智之举。

注意评估员工的表现力

员工在企业的表现力主要体现在三个方面：一是工作业绩，这是最为重要的；二是员工在工作团队中的投入程度；三是员工对顾客的贡献程度。

注意评估标准的合理性

门店在进行绩效评估时，要充分考虑标准的合理性，这种合理性主要体现在五个方面：

- 考核标准要全面。
- 标准之间要协调。
- 关键标准要连贯。
- 标准应尽可能量化。
- 要根据团体工作目标而非个人来制定考核标准。

注意提高员工的满意度

绩效评估是一把“双刃剑”，正确的绩效评估，能激起员工努力工作的积极性，可以激活整个组织；但如果做法不当，可能会产生许多意想不到的后果。绩效评估要体现公正、合理、公开，才能起到激励作用。

注意实施前后的“该”与“不该”

绩效评估应该做的	绩效评估不应该做的
➢ 事先做好充分的准备工作 ➢ 对评定结果给予具体的解释 ➢ 确定今后发展所需采取的具体措施 ➢ 对理想的表现予以强化 ➢ 逐个目标进行讨论，并给出具体而有建设性的意见 ➢ 重点强调未来的工作表现	➢ 教训员工 ➢ 只强调表现不好的一面 ➢ 只讲不听 ➢ 过分严肃或对某些失误喋喋不休 ➢ 认为双方有必要在所有方面达成一致

6.2 门店营运自我诊断

门店和人类一样，当觉得“身体不适”的时候，就需要对自身进行诊断，然后对症下药。一些门店会外聘专业企管顾问公司来为店铺进行诊断评估，但大多数的门店都必须开发出门店自我诊断评估的办法，由门店经营者或店长来定期评估。

门店的自我诊断评估，一方面可以降低评估成本，另一方面可以对门店经营提供迅速的回应。

核心概要

营运自我诊断对于门店来说，就像前进中的指南针，能够为门店的经营者指引正确的方向。面对快速变化的市场环境，门店必须及时对自身进行诊断，并做好“应变计划”以规避风险。店长应定期对门店营运的各类问题进行相应的自我诊断，只有发现问题才能事先预警，快速反应。

门店营运自我诊断的作用

门店营运自我诊断的真正意义在于发现门店可能潜在的问题，并提供解决方案，所以除了防弊，还有兴利的积极作用。

序号	作用
1	门店营运自我诊断可以帮助门店不断寻求改进的方向与目标
2	通过门店营运自我诊断，门店管理者能够及时修订门店的目标和工作计划
3	门店进行自我诊断能够及时预警，规避危机

门店营运自我诊断的阶段

门店营运自我诊断通常包括三个阶段：

序号	阶段
1	对门店的经营状况进行调查研究
2	提出改善门店经营的具体方案
3	门店诊断方案的实施

门店营运自我诊断的时机

门店在平时的经营活动中，如何进行自我诊断呢？理论上说是无时不刻在进行，但这往往过于理想化。在实际操作中，进行自我诊断的时机主要有两个：

时机	说明
年度末	看结果与年度目标的差异，不论是完不成目标还是超额完成，如果差异大，那就要进行差异分析，看是什么原因造成的，从而采取相应措施
发生突发事件时	针对不在计划之内的突发事件、问题，主要是采取问题解决的方式，用5W1H模式来探讨分析，查找发生问题的原因，以着手解决

实操案例

S服装专卖店定期会对自己门店的营运状况进行自我诊断，以下是S服装专卖店自我诊断的要项：

营运能力的自我诊断要项

1. 店长及营业员是否清楚了解自己的职责与各项工作流程，并确实遵守执行？

2. 是否根据员工的意愿进行工作的调整以发挥其工作潜能？

3. 是否鼓励店长及营业员对于顾客层与商品对应的接受能力、商品上架的时机与展开的手法等，提供其经验与建议？

4. 店长及营业员对于商圈内来客，平日与假日的进入方式、客层差异、消费方式与倾向等是否用心观察、记录并分析之？

5. 是否要求店长及营业员对于本店与竞争对手的定位差异、市场占有率等互动的因素，定期进行市场调查并提出改善对策？

6. 是否制作商品存量动态卡并每周检讨，以确保以畅销品为中心的商品结构？

7. 是否持续追踪销售与库存对应的关系，并结合季节的因素，以作为年度营运资料的依据？

8. 是否调查、记录、追踪竞争对手进行促销的活动，并分析其效果，以应用到竞争对策之中？

9. 店长及营业员能否纯熟使用陈列道具塑造易看、易选、易卖、易接待的卖场？

10. 是否认知POP的重要性，店长及营业员是否具备制作POP的能力？

销售服务的自我诊断要项

1. 销售人员是否按规定着装、化淡妆？

2. 销售人员是否保持愉悦心情、以微笑待客？

3. 销售人员是否谈吐文雅、音量怡人？

4. 销售人员是否利用客余时间整理卖场或处理行政工作？

5. 销售人员是否积极协助同事发挥团队精神？

6. 销售人员是否专注听取顾客询问、诚恳应对并留意其反应？

7. 收银员对于收银及包装动作是否熟练？

8. 销售人员是否能正确把握接近顾客的时机？

9. 销售人员商品知识是否丰富，并能简明地将其特性介绍给顾客？

10. 销售人员专业知识、流行资讯、市场情报及同业动态，是否皆能清楚掌握？

卖场商品展示陈列的自我诊断要项

1. 所选择展示陈列的商品是否符合诉求的主题？

2. 展示陈列空间的选择是否和商品相称？

3. 关联性商品的靠近是否合宜？

4. 陈列道具的选择是否与商品形象一致？

5. 商品展示陈列的空间是否能配合动线共同展开？

6. 商品价格标示或 POP 是否齐备？

7. 展示陈列商品的量感是否控制适当，不致太过或不及？

8. 展示陈列空间的灯光是否控制合宜？

9. 展示陈列的商品或道具是否保持清洁，不致破损杂乱？

10. 展示陈列的商品是否都有足够的库存？

具体应用

虽然零售门店的经营管理都有其基本的原理、原则，但是由于经营背景的不同及问题点发生的不同，所以也就没有一个共同的自我诊断检核表。每个门店都应就其自身的实际情况，确定适合自己的自我诊断的要项与方法。

门店营运自我诊断的要项

主要的门店营运自我诊断涵盖下列几个类别：

● 门店内外条件诊断

门店的内外环境会影响到门店的经营绩效。虽然在开业以前，对于门店所在的商圈、选址的条件、周围的各种业态，都会有一定程度的调查分析，而且对于门店内部的设计，绝大部分的门店已经发展出一定的规格。但是，随着时间的改变，原本对门店有利的条件也许会发生变化，例如新竞争同业的设立、道路工程的施工等。

所以门店内外条件的自我审查，是必须长期而且定期进行的工作。门店内外条件可以分为外在环境和店内状况两部分。外在环境变化主要包括商圈形态、业种分布、商业特征、人口分布等的改变。

● 经营效率诊断

主要依照各种经营绩效数据，以诊断门店绩效的优劣。重要的内容包括系

统组织效率、人员工作效率、商品效率等。

内容	说明
系统组织效率	对门店各种联络系统功能的效率进行审核，例如资讯传输的时间、物流程序的处理时间、存货周转率、门店存货量等
人员工作效率	主要对门店工作人员的效率进行审核，例如平均人员贡献、平均加班费及加班时数、平均绩效奖金等
商品效率	提高门店的商品周转率，做好商品的采购和存货管理

● 管理系统诊断

主要是依各种管理制度的效能来诊断门店绩效的优劣，重点在资金流、物流、资讯流等各类的管理程序及制度，可以应用的绩效评估数据包括：营业时间、人员流动率、零用金支出、商品生财器具维修金额等。

● 顾客诊断

门店除了配合整体的顾客调查外，也要针对门店的主顾客做定期的调查，以保持营业绩效的潜力，调查的重点包括顾客满意度、门店形象、门店服务等。

调查重点	说明
顾客满意度	顾客满意度可以显示员工的服务品质及效率，采用“顾客满意度调查表”或定期的顾客满意度调查，以诊断门店的顾客服务品质
企业及门店形象	许多企业会定期做问卷调查、市场调查或座谈会，来确定本企业形象在主顾客心中的定位，凭借回收资讯来改进本身的服务、形象策略、活动方向及方式等。门店员工也可以对门店的固定主顾客做口头或电话询问，以作为门店改进的参考
门店服务	除了特别的问卷或特定的座谈会外，门店可以由一些门店内部的绩效评估数据来审核自身服务是否还有改进的空间。例如会员数量（如果有会员贵宾卡制）、顾客抱怨次数、退货百分比等

门店营运自我诊断的方法

门店自我诊断评估的方法主要有三种：观察法、询问法和实践法。

方法	说明
观察法	仔细观察要诊断的目标，其业务是如何运作的，运作结果如何？观察法的诊断范围可以包括实务操作的观察、作业环境的认识、工作说明书使用报表及其他作业工具的搜集、作业绩效的了解等
询问法	询问法包括书面询问和口头询问，询问内容必须预先规划。同时要认真听取众人对所诊断业务运作的理由、说明检讨和建议，最好能使受访者在“自由意识”下充分表达其看法，这样才能获得更真实的材料
实践法	亲自去操作，实际体验作业执行的困难度，以印证问题发生的原因和改善计划的可行性。例如：作业规划者凭借想象，在最理想的条件下编制流程，并设定绩效评估的标准，以其本身的心境和能力去要求下属达到同样的标准，但在实际操作过程中却会有不同的结果，这就要求规划者去亲身尝试，在实际操作中寻找改进的方法和可行的方案

门店年度检讨

门店的管理者在进行自我评估后，可就全年工作中存在的问题、疏漏，及需要改进之处做深度的自我批评与检讨，找出与先进管理典范的差距。门店年度检讨可在每年的 6 月 15 日前与 12 月 15 日前各进行一次。门店年度检讨书见下表。

部门		经理	
改进事项			
检讨事项			
建议事项			

注意事项

门店在做自我诊断评估时，其诊断必须有主题、有范围、有目标，事前也要有充分的准备和计划。诊断时要注意以下事项：

序号	注意事项
1	诊断面要广，但改善面宜深
2	诊断过程与结果应尽量使用图表
3	要求定性或定量地陈述，数据本身应有比较的标准，对自己或对产业等都做比较
4	诊断执行者要客观务实，切忌过于主观或太理想化
5	改善建议要确实可行，且需要有建议的执行时间表
6	要考虑企业文化的差异和企业背景的不同，其他门店的数据或经验不可尽信

6.3 门店扭亏为盈

店主投资开店，不可能光做赔钱的买卖，如果门店长时间亏损，就只能关店。但实际上很多店铺在经营的初期都是亏损的，面对门店经营状况不佳，门店经营者应该如何扭亏为盈？

核心概要

在何种情况下才能判断门店处于亏损状态？从哪些方面可以找出门店亏损的原因？店长应该把握以下要点：

亏损店的特征

门店经过各种评估和自我诊断之后，如果被确定属于D级店或E级店，则需列入门店扭亏计划处理。若超过三个月仍无起色，就应考虑是否迁店或关店。

D级店或E级店又称为亏损店或自强店，这些门店一般具有如下特征：

- 本年度绩效最差，且近来整个营运呈下滑趋势。
- 顾客满意度低，入店人数降低。
- 生产力偏低，营业额达成率低于目标75%以下。
- 经营评估不良。

门店亏损分析

亏损类型的门店，通常受商圈、选址、规模、竞争和宣传实力以及本身业务等多种因素的影响而形成。其中一些是因为开店前商圈调查评估不确实所导致的结果，而更多的因素则是因为开店后经营管理不用心所导致的结果。

● 商圈分析

很多亏损门店对商圈特性的掌握不到位，所选商圈腹地太小而且又人潮不足；商圈内消费者的消费习惯与门店产业不符，这些都属于布点的错误。另外，一些亏损门店在竞争对手数量增加和改变经营策略的时候没有及时作出反应，并进行相应的修正，也是成为亏损店的原因之一。

● 服务、士气管理分析

很多门店会因顾客大量流失而成为亏损店，其主要原因就在于服务管理和人员士气不足。比如：服务态度不佳，人员敬业精神差，服务流程不合理、不顺畅，人员不足不能满足顾客需求或职业培训、执行力不佳等，都会导致顾客大量流失，门店业绩下降而成亏损门店。

● 商品及其他管理分析

商品管理不当也是造成门店业绩下降的主要原因。很多亏损店都会存在商品组合不当，如大库存、周转慢等现象，或者存在商品品质不佳，如报废增加、退货增加、商品陈列不佳、严重缺货、存货控制不佳等现象。这些都会影响门店的正常运营而导致门店亏损。

另外，店长领导方式不正确、促销等活动执行不佳、店内设备及营业器具运用不佳、环境清洁卫生差，以及财务管理不善，如现金短溢情况增加等现象都可能导致门店亏损。

● 绩效分析

通过绩效分析来确定门店是否亏损也是主要的手段之一。比如：营业目标达成率不佳、毛利目标达成率不佳、费用目标控制率不佳、净利目标达成率不佳、营业额成长率不佳、员工贡献率不佳等都是确定门店是否成为亏损店的重要指标。

实操案例

工作了几年的小周想开一家DIY银饰店，因为资金有限，小周以5000元的月租租下了一间17平方米的店铺，把店开在上海临近南京路的吴江路二层平台。

然而，这个店铺自开张伊始并没有如想象中那般门庭若市，相反，在开张之后的头三个月，常常是一天都没有一个客人。“是继续守望还是壮士断腕?”这个问题无时无刻不在困扰着小周。

为了防止自己做出错误的决定，小周对DIY银饰店的亏损做了详细的分析。

首先他分析了店铺的商圈与选址。小周对DIY银饰店在上海吴江路上，这里毗邻地铁2号线，直接吸纳地铁站的上下客流，同时与繁华的南京西路上的多家大型百货商厦相连接，恰好形成一个小商圈。应该说，这里人流量大、消费水平高的年轻人集中，目标客户在这个地方是不缺的，而且DIY银饰店的时尚格调正好与吴江路休闲街的整体的休闲风格相当匹配。唯一的不足就是小周的DIY银饰店位于二楼。

为了弥补银饰店开设在二楼的劣势，小周在店铺底层的空白墙面和两层楼梯的显眼位置贴出了关于DIY银饰店的海报和指示标记。

接着，小周主动与一些顾客沟通，了解到大部分顾客根本就不知道DIY银饰是什么东西。为了让更多人了解DIY银饰，小周通过朋友联系了当地电视台一个时尚节目摄制组来这里拍了一个短片。媒体的传播力量果然厉害，没几天就带来了不少的慕名而来的顾客。头脑活络的小周于是乘胜追击，在一家时尚类的媒体上连续刊登了几次广告推广自己的DIY银饰店。

另外，因为制作完成一件银饰大概需要两个小时，所以细心的小周增加了副业，为顾客供应饮料和小吃，这样既满足了顾客的需求，又增加了店铺的营业收入。

经过以上一系列的改进措施，小周的DIY银饰店在开张的第五个月终于迎来了盈利，并且随着口碑效应的逐渐显现，生意一天比一天红火。

具体应用

并非所有一时处于双低（营业额成长率低、市场占有率低）的门店，都注定永远陷于困境。只要门店所处的商圈和选址条件理想，积极努力改善门店的经营构造，转变成明星店的可能性也是有的。

如果造成亏损的原因是选址条件不理想，就有必要采取撤退策略，退出市场结束营业。因为，选址条件不好的门店，期待将来有一天选址条件好转是不太可能的事。

门店扭亏作业流程

亏损店扭亏作业流程如下图所示：

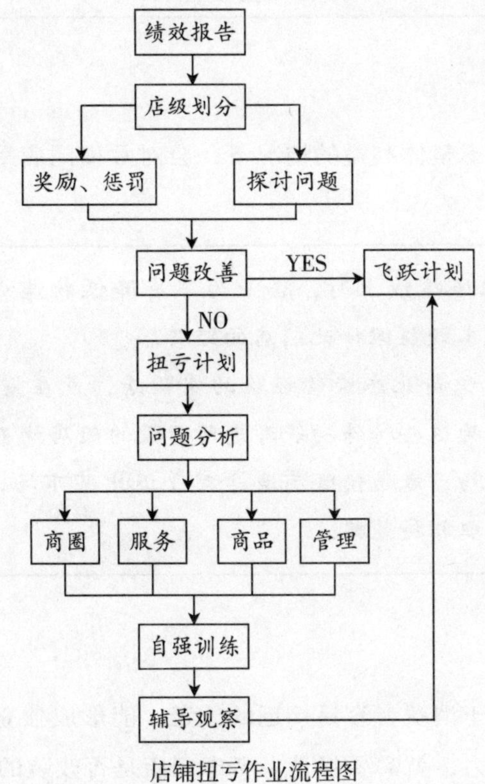

店铺扭亏作业流程图

面对门店亏损采取的对策

一般而言，经营者面对亏损门店时，主要的经营策略有以下四种，详见下页表。

对策类型	适合门店	门店特征
维持策略	策略性门店	A. 位于配送路线上，减少运输成本 B. 实验店，收集资讯、宣传、广告、实习 C. 防止竞争对手进入，赤字经营
改装策略	更新门店	A. 选址有发展潜力 B. 具经营能力 C. 具强化商品计划能力
转换策略	新业态门店	A. 选址具有良好的条件 B. 具备经营管理技术 C. 拥有经营管理人才 D. 有成长性
撤退策略	关闭商店	A. 选址没有发展前景 B. 商店无直接利益

● 维持策略

有时，企业在考虑整体利益的情况下，会对亏损门店采取维持策略，使其继续经营。比如：

- 当亏损店位于配送路线上时，企业为享有降低物流成本的经济利益，会以降低物流成本效益维持此门店的经营。
- 当门店是企业累积新业态经营经验的实验店，或在重要位置宣传、广告的展示店时，为这些特殊功能考虑所开设的门店就不能轻言撤退。
- 当企业为抢占市场，或迫使既有竞争对手退出某市场，而设立的门店，即便亏损也需采取维持策略。

● 改装策略

如果亏损门店处于消费者容易接近的位置，能形成独立的商圈位置，具有良好的选址前景或潜力，就需要经营者考虑门店是否改装的问题了。

门店在改装时，除需要进行硬件设施的更新外，更重要的是要做软体经营能力的转换与变革，如与竞争对手比较分析，寻找自身的优势项目；或请专家指导以改善其经营能力。另外，门店改装还要重点强化其商品计划能力，如强化弱势项目和强化优势项目。

● 转换策略

当门店商圈选址条件随着时间与空间的变迁，与既有业态生存条件不符合而影响其发展时，门店经营者就应适时考虑转换经营其他新兴业态。

转换其他经营业态时，须注意门店是否有新业态的专业经营技术和专业管理人才，转换的新业态是否具有成长性。

● 撤退策略

当门店的营业额增长率和市场增长率都很低，而且处于发展前景、成长性不明朗的商圈时，其门店经营者就应该采取撤退策略，早日退出市场以减少损失。

但在撤退此类无直接利益的门店前，应检讨其是否具有转亏为盈的可能性。如：营业额能否成长？提高毛利额的可能性？削减管理费用的可能性？若确认门店亏损是选址不当、人流不大、消费水平不高、配送成本较高、亏损较严重的店铺，就必须坚决关闭此亏损门店，以减少继续“出血”。

扭亏自强训练——拼搏之中求生存

亏损门店在确定其经营情况后，可以通过一定的课程训练和问题研讨来实现门店扭亏自强的目的。

自强训练的课程包括：激励活动，商圈调查与资料运用，服务流程训练，服务技巧的应用以及专业训练，设备、器具的标准使用训练，管理技巧训练和环境整洁的标准作业程序训练。同时需对下列问题的改进做研讨：

- 商圈的地点情况是否适合本店的生存和发展。
- 服务人员不足，顾客流失率增加。
- 商品组合、陈列是否妥当。
- 促进绩效达成及标准研讨。

为达到快速改进、强化训练的目的，亏损门店在选择课程时，可以根据自身情况对某些课程做重点的培训学习，其训练课程的内容也可根据问题分析结果重新组合（见下页表）。

问题所在	探讨结果	训练课程
商圈、商品	商圈选址不佳 经营手段不佳 商品陈列不佳、组合不当	管理技巧训练 激励沟通活动 商圈调查与资料运用
管理	沟通、配合不协调 管理制度不健全 执行力度差	管理技巧训练 促销执行训练 营运方针的宣传指导 领导沟通与激励活动开展
服务	人员不足 工具不足 缺乏培训与指导	管理技巧训练 服务技巧与流程的训练、运用 申请专业培训
其他如财务管理、环境卫生等问题的课程安排和培训		

自强计划时间表见下表。

活动安排	第一个月	第二个月	第三个月
集中特训（集中式）	1～3 天		
本部研讨	2 天		
商圈精耕	7 天		
促销活动及工具准备	14 天		
DM 发放	2～3 天		
促销期限	7～15 天		
观察期		60 天	
人员驻店	一般店	每周一天	视需要的情况
	自强店	每周两天	

注意事项

门店的扭亏自强除了要进行必要的课程训练和问题研讨外，还需对所处商圈加强精耕作业，同时配合一定的促销活动，帮助门店提升业绩和扩大影响。

商圈精耕的方式包括：

- 加强姐妹店之间的公关。
- 寻找商圈内发放 DM 的地点及时段，如主消费层（上班族、附近住户等）走动频繁的地点，次消费层（青少年等）走动频繁的地点，和主、次消费层走动频繁的时段。
- 参与社区公益活动。

亏损门店扭亏自强作业的观察期一般为 2 个月。观察后提出报告，报告内容包括：

- 店内问题改善状况。
- 商圈内消费者对本店的接受状况。
- 营业绩效和来客数、客单价提升情况。
- 商圈精耕的进展状况等。

门店经营者可根据观察报告对亏损门店作出相应的处理决定，如关店、迁店、整改还是改变经营业态。